孟庆延 著

谁的问题

现代社会的非标准答案

中信出版集团 | 北京

图书在版编目（CIP）数据

谁的问题：现代社会的非标准答案 / 孟庆延著 . --
北京：中信出版社，2023.6（2025.7 重印）
ISBN 978-7-5217-5623-4

Ⅰ. ①谁… Ⅱ. ①孟… Ⅲ. ①社会学 Ⅳ. ① C91

中国国家版本馆 CIP 数据核字（2023）第 068651 号

谁的问题——现代社会的非标准答案
著者：　孟庆延
出版发行：中信出版集团股份有限公司
（北京市朝阳区东三环北路 27 号嘉铭中心　邮编　100020）
承印者：　嘉业印刷（天津）有限公司

开本：880mm×1230mm　1/32　印张：9.25　字数：221 千字
版次：2023 年 6 月第 1 版　印次：2025 年 7 月第 4 次印刷
书号：ISBN 978-7-5217-5623-4
定价：69.00 元

目录

第二部分

悬浮的生活

04 全景敞视

我们的生活是如何迈入“楚门的世界”的？

05 网络暴力

“键盘侠”是如何产生的？

06 颜值正义

容貌焦虑背后为什么是多数人的暴政？

07 抢人大战

人与“人才”，哪个优先级更高？

08 跟风旅行

真的有那么多“不得不去的远方”吗？

09 隐入尘烟

乡村是如何空心的？

第三部分 空心的个体

推荐序

庆延的新书《谁的问题——现代社会的非标准答案》出来了，嘱托我作序。为了兄弟，勉为其难，这显然是现代学术的非标准操作。这不是一本正襟危坐、高高在上、开坛说法的学术著作，但处处都有厚重的学术功底和深沉的学术关怀。我不是社会学家，从狭义的学科分类来看，我和庆延不算同行，不过我懂庆延的学术，于是，这个非标准操作由我来完成有点儿奇怪，却正好合适。

这本书不和你讲社会学的大道理，没有搬出社会学的概念、逻辑、方法、体系吓唬你，就是和你聊天，聊我们身边的事情。那为什么我们要来和一个不正经八百讲学问的社会学家聊天呢？了解了庆延的人和文，你就知道这样的聊天很有趣了。

我和庆延是同事，都在中国政法大学当老师，他在社会学院，我在他隔壁的政治与公共管理学院。我喜欢社会学是从读韦伯和涂尔干开始的，喜欢活生生的社会学家是从喜欢庆延的导师应星老师开始的。同事告诉我庆延来学校工作的时候，我就准备会一会他。在我们相会的第一面，他就让我喜欢得不得了，不只是因为他幽默风趣、阳光开朗，关键是因为他对自己有清晰而独特的定位："我不是一个循规蹈矩的社会学家，我有我特别喜欢、特别投入、特别擅长的研究议题。"我一听就来劲了，倒不是因为喜欢标新立异，而是特别喜欢有自知之明的学者。"社会学不是拆解社会现象的学问，而是关心现代人究竟置身于一种什么样的既无法逃脱又不完全自知的处境当中。"听完这句，我兴奋地判断我们是同路人。我们在关心共同的大问题，只不过我们在运用自己的学科知识去面对它、解析它。学问最后能做成什么样，谁也无法预料，但庆延的大格局让我很兴奋，这至少意味着我们会有很多共同的话题，聊得来。带着大问题去观察无数琐细的社会问题，才不容易简单地就事论事，不容易搞那种"针尖上究竟能有几个天使跳舞"的学术自娱自乐，不容易遗失了学问所必需的现实感和实践感而不自知。

庆延没有在这本书里摆各种现代社会理论的谱，这不是他的风格。他的强项是聊天。摆谱有摆谱的必要，聊天有聊天的好处。在学校里，我们在很大程度上是必须摆点儿谱的。面对专业的学生，引领他们走进学术的殿堂，必须把殿堂里的祖师爷们和他们留下的规矩先摆一摆，建立专业界限和专业纪律是必要的。有些时候，我们得抬出祖师爷们给新入门的弟子们立规矩，比如，马克思写《资本论》，抓住"资本"这个概念，把现代社会的核心机制围绕着它次第展开，致广大而尽精微；韦伯写《支配社会学》，抓住"支配"这个概念，把古往今来的权力逻辑讲了个头头是道，极高明而道中庸。

但你不是庆延的学生，这本书也不想建立师生关系，而是朋友之间的交流，就是聊天。聊天的好处在于它的新颖性和开放性，孔子讲的“友直，友谅，友多闻”，都可以在聊天中兑现。庆延带着他对社会的观察，直言不讳，虽然这些社会现象就在你身边，甚至就在你身上，但你未必像庆延一样看它们。听听庆延的看法，或许你更容易看懂这个社会，也更容易看懂自己。到这里，这本书的主书名“谁的问题”就可以解了。这个社会存在很多问题，就在你身边，甚至就在你身上，是你的问题吗？当然是你的问题，但这些问题的形成、发生、结构化、演化……全都不是你一个人造成的，你却要为它们付出沉重的代价，而且，不付还不行，你逃不掉。

人生的意义为什么很难找到？干了一锅心灵鸡汤，心满意足地洗洗睡了，第二天一觉醒来还是心里没着落……

游戏为什么总是让人沉迷？沉迷的人不理解，不沉迷的人也不理解，游戏的魔力究竟在哪里……

网络暴力为什么特别容易出现？是现代人更野蛮了，还是网络让野蛮变得更便利了，到底是人的问题还是网络的问题……

…………

这都不是你的问题，这是社会问题，是系统性问题，而你是这个社会的人，是系统中人，所以这些问题都少不了有你一份儿。和庆延聊天，就是聊聊到底都是些什么问题。庆延有自己独特的看法，凭借扎实的训练和天生的机灵，他总是会给出不从众、不流俗的诊断。庆延还邀请了很多大师来一起聊，有社会学的三大宗师马克思、韦伯、涂尔干，有许多社会学怪杰，比如福柯、埃利亚斯、布尔迪厄、齐美尔、鲍德里亚，还有很多非常著名的“兼职”社会学家，比如托克维尔、弗洛伊德、勒庞。大家各展所长，各抒己见，好生热闹。在这样一个“群贤毕至，流觞曲水”的好局当中，有你一席。朋友们一起聊天不是非得有结论，所以，这本书是“非标准答案”。它既和主流的标准答案不一样，又不排斥其他的非标准答案。

社会问题层出不穷，说明社会有病；社会有病，你就有病，那庆延有药吗？他没说，而且，即便他有，他也不能给你。社会学家通常都说社会有病，马克思如此，韦伯如此，涂尔干也如此，但开药方的并不多，像马克思那样下猛药的就更少了。因为从总体上来说，社会学家比其他几乎所有学家都清楚社会的复杂性，对于他们来说，社会问题都是综合性的问题。虽然他们可以借助某个独特的概念或者视角犀利地做出诊断，但他们非常清楚病因是极为复杂的，并不是通过这个概念或者视角就能简单治疗的。就好比核磁共振机器容易检测癌症，但它不是治疗癌症的设备。好诊断，并不必然蕴含好手段。跟你说能用核磁共振机器或者抽血的针管就能治好你的病的，一定不是医生，而是江湖骗子。所以，轻易开药方的社会学家也大概率是江湖骗子。

你可能要失望了。聊那么多社会问题，居然一个个在你身上或多或少都有症状，却不给疗法，是不是“逗你玩儿”啊？（此处请用庆延的天津话发音。）当然不是，庆延的“友谅”恰恰体现在这个地方。所谓“谅”，就是正直、坦诚、诚实、体恤，还有同理心、同情心、共情的善意。只要是你的问题，你就得自己解决，靠别人是决计不行的，而庆延的聊天就是陪你面对、陪你琢磨、陪你看懂这些问题。对于庆延来说，概念、逻辑、方法、体系不是外在于柔软人心的黄钟大吕，他敲得振聋发聩，非要叫醒装睡的你。他会在研究中，更在这本书中设身处地体会各种“当事人”的情感纠结和抉择困境，不过，不是在你有情绪的时候灌你一碗香浓的心灵鸡汤，而是给你温情的呼应。当你愿意用轻松却严肃的思考来面对自己和社会的问题时，你会发现，庆延“幸福着你的幸福，悲伤着你的悲伤”。认真面对难题的你是有伴儿的，就像孔子说的那样，“德不孤，必有邻”！

问题（你的和社会的），并不会因为思考就被解决，而你，却会因为有思考、有共鸣而不一样：它们对你来说究竟是不是问题；它们如果对你来说是问题，需不需要解决或者摆脱；如果需要解决或者摆脱，你愿意花多大代价……这一系列抉择都要你自己做出。任何学家凭借任何学问都不能替代任何人对自己的人生做出抉择。聊天的好处就在于你可以严肃地思考，为抉择积攒自己的力量，却可以是轻松的，不被大宗师、大专著、大命题吓住，让你心中思考的涓涓细流成为温暖你自己生命的力量。在庆延陪伴的思考中，你不是非得如项羽一般“力拔山兮气盖世”地去针对社会问题，更好的状态也许是像庄子那样，在庖丁解了牛之后有一份从容和恬淡，去面对自己和社会。

和庆延聊天，你不必有负担，这本书会帮他一直待命，无论是通宵达旦，还是闲来一聚，都可以。我很喜欢和庆延聊天，但愿你也喜欢。

李筠

前言

谁的问题？

矛盾、虚伪、贪婪、欺骗，
幻象、疑惑、简单、善变，
好强、无奈、孤独、脆弱，
……
噢，我的天，高级动物；
地狱，天堂，皆在人间

上面这些文字，来自窦唯的《高级动物》。他用48个“孤独”“贪婪”之类的词“攒”成了这首歌。站在一个纯粹的音乐外行的角度来看，窦唯的这首歌似乎并不复杂，却一直在用他自己的方式表达着对生活世界的理解。在这首歌中，窦唯用这些简单的词语所表达的，既是复杂而多面的人性，也是现代个体的普遍处境。

1994年12月17日，“摇滚中国乐势力”演唱会在香港红磡体育馆举行。在这场可以载入中国摇滚乐史的演唱会上，当时并称“魔岩三杰”的窦唯、张楚、何勇和唐朝乐队登场，以音乐的方式发出自己对现代世界的疑问与呐喊。张楚用一首《蚂蚁蚂蚁》作为他对现代世界的隐喻，“看一看我的理想埋在土里”这句歌词，传递的是一个理想主义者在现实世界中的蜷缩与无奈；窦唯则在发出“地狱，天堂，皆在人间”的感叹之后，又发出了“幸福在哪里”的灵魂拷问。

同样是在这场演唱会上，何勇用一句“我们生活的世界，就像一个垃圾场”表达着自己的情绪，但同时用一首《钟鼓楼》传递着自己对城市生活快速变迁的“不适”，更令人拍案叫绝的是，“是谁出的题这么地难，到处全都是正确答案”这句歌词在有意无意之间成为对“幸福在哪里”的回答。

现代人的生活世界充满形形色色的问题。小到柴米油盐酱醋茶，大到人生、历史和国家，问号与问题似乎不断地出现在我们的生命历程中。人生的意义到底是什么？我现在的生活究竟为什么不是我想要的生活？我的人生是不是出了什么问题？如果我当初那样做选择，现在是不是会更好？……

我在这本书的开头就写下这些文字，并不是要向大家贩卖焦虑，因为这些是现代个体的普遍处境和大概率会出现的内心独白。实际上，我们在现实生活中遇到的各种问题远比这些多，也比这些复杂。我先和大家分享一段自己的真实经历。

2019 年夏，家中的老人在常规体检中查出一些指标异常，需要住院做一次穿刺检查。幸运的是，我挂上了专家号，也等到了住院部的床位。在就诊当天，老人按照医生的要求禁食禁水，早上6点，我们就到了医院。但是在办理手续的时候，出现了一个非常“奇葩”的情况，住院部有我们登记的预约信息，但是在医生的电脑上找不到预约记录。我们在住院部、门诊楼、住院医生办公室之间往来奔波两个多小时，问题却始终得不到解决。在我们的反复询问下，医生终于松口了，他们的回答从之前的“不清楚”变成了“可能是预约联网系统出了问题”，并反复强调“这不是我的问题”，让我们再等待一下。由于长时间禁食禁水，老人出现了低血糖的症状，咨询医生能否吃东西。医生说：“可以啊，但是吃了东西，检查就别想做了。”我们问：“能不能明天再做？”医生回答说：“不可能，明天做就需要重新挂号、排床位。”

怒火中烧的我一时没有控制住情绪，大声说：“你们不能这样对待病人啊！是预约信息系统的问题，不是我们的问题，后果不应该由我们承担啊。”医生淡定地跟我说：“我没说是你们的问题，但这也不是我们的问题，是系统的问题。医院住院部这边有记录，但是门诊部的系统里没有你们的记录，必须两边都有病人的预约记录才能做这个检查。你就等着吧，再等等。”焦灼之时，一个挂着实习工牌的医生跟我说：“你们别急，我去计算机中心问一下。”他去之后没多久，系统问题就被解决了，我们也终于顺利地做完了检查，此时已经是下午两三点了。

几年前的这段亲身经历一直印在我的脑海里，并不是因为我记仇，也不是因为我要不断控诉医院和医生，而是因为“这不是我的问题”成了每个“当事人”的基本话语，也是我在这个过程中听到最多的话。在整个过程中，系统是自动的，但人是隐形的。也许会有朋友认为我“小题大做”，不过是系统 bug（故障）或者技术问题而已。然而我并不这么认为，在我看来，这是每个处于现代社会中的人都在不同程度上遇到过的普遍状况。

问：“整天就知道抱怨自己不喜欢所学的专业，为什么不选喜欢的呢？你怪谁？”

答：“我不是富二代，选择志愿必须考虑生计啊，这难道是我的问题吗？”

问：“整天就知道抱怨自己的工作毫无意义，但是一到周末就宅在家里看手机，这是你自己的选择，你怪谁？”

答：“我为了生存必须好好工作，一个星期有六天在加班，剩下一天还不能休息了？这难道是我的问题吗？”

问：“你看看人家，30 岁时孩子都生两个了，你还单身，你就不着急吗？”

答：“我没遇上合适的，这样也要结婚生孩子？这难道是我的问题吗？”

问：“好好的一个人，整天焦虑，长得又不差，非要省钱去做医美，这不是吃饱了撑的吗？难道独一无二的有趣灵魂不比千篇一律的好看皮囊更稀缺吗？”

答：“这就是个看脸的世界，别人都去做，我不做就‘落后’了，这难道是我的问题吗？”

问：“整天抱怨一线城市生活成本高、通勤时间长，那你为什么不去三线城市生活？或者干脆回老家？”

答：“大城市机会多，小县城常常要走关系。我家境普通，没什么人脉，只能留在大城市，这难道是我的问题吗？”

无论是职业还是生活，“这不是我的问题”是现代人经常会使用或者会面对的高频句式，我们既会被这句话堵得气血上涌而困顿无奈，又会用这句话寻求自保并卸掉责任。我们时常会感觉到，自己既是我所讲的那个故事中的患者和患者家属，又时不时地会成为把“这不是我的问题”挂在嘴边的医生。扪心自问，有多少人愿意去做那位实习医生呢？

如果一切都“不是我的问题”，那究竟是谁的问题？

原生家庭环境、宏观政策环境、周边群体环境成为我们最普遍的归因选项。“家里条件不好”“大环境不好”“大家都这样”，于是“我又能怎样呢”这个疑问句变成了否定句：“我并不能怎样。”对大多数人而言，当我们进入这个思维逻辑和认知模式之后，除了无奈，还总是有一丝不甘埋藏于心间。仔细想想，这些不甘其实既是希望的来源，又是焦虑的来源。它不断敦促着现代人过一种“向上”的人生来实现神圣的自我价值，同时又不断让我们感受到现实的残酷。现代人在意义与虚无、功用与价值、理想与现实之间反复摇摆，在“躺平”和“内卷”中无限循环。

实际上，当我们发出“这不是我的问题”的呐喊时，我们或许并不是在推卸责任，而只是讲出了现代社会运行的基本逻辑。现代社会是一个肉眼不可见的庞大系统。它有着异常复杂的分工系统，这些分工系统以高效率、标准化和专业化为底层逻辑，现代人在获得前所未有的物质与技术的同时，也获得了前所未有的科学、知识与权利。这造就了现代个体的第一个普遍境况：作为工具的现代人。处在复杂社会分工系统中的我们，经常会由于工作的重复性（专业性）而感慨意义的消逝，但是时常忽视这样一个现实：作为系统存在的现代社会，其最大特征是陌生人的功能性联结。仔细想想，每个人的日常生活都离不开其他人的工作，而每个人的工作实际上也在不同程度上影响甚至决定着其他人的生活。在社会分工的意义上，每个身处系统的现代人都难逃“工具人”的命运。这种高度系统化的社会分工状态在给人类带来前所未有的效率的同时，也带来了“卸责”这一普遍状况。当我们陷入“这不是我的问题”的逻辑时，我们会突然发现，很多时候，这个系统中的人都认为自己做的事合规——它可能并不符合道德与灵魂层面的高要求，却符合职业逻辑中的“分内事”的要求。

这种庞大社会系统中的工具人境况又会引发现代个体的第

二个普遍境况，即全方位的异化状态：在现代社会中，我们往往将货币理解为绝对目的，而忘记了它本来只是“绝对工具”。同样地，现代人对于职业、教育乃至婚姻、家庭的理解，很多时候都处于异化状态。实际上，这种异化的本质就是一种理解世界的“有用性”逻辑，在这种逻辑之下，经常会发生“工具”与“目的”的错置：大学教育体制中的绩点，本来只是一种测量学生对知识掌握程度的手段，却变成了学习最主要的目的，现在的教育行业，更像是“来料加工行业”。实际上，马克思所讲的“异化”不是某个人的命运，而是现代人的普遍境况。

现代个体的第三个普遍境况，便是矛盾与分裂。一方面，个体意志在现代社会中获得了前所未有的神圣地位，“为自己而活”“实现自我价值”“我是我的唯一主宰”已经是普遍共识，同时更是人生的“逻辑起点”；另一方面，在我们的生命历程中，我们总是体会到个体意志的受限状态——不论我们的角色如何，我们遇到的每一个“这也不是我的问题啊”难道不正是一种个体意志、选择受限的状态吗？这种理论上的无限可能性和现实中的有限选择权同时出现在我们的生活世界中，使得现代人陷入一种高度“分裂”的状态：观念的高度伸展与现实的极度蜷缩。作为现代人，我们既感受着作为“主体”的自我的无上“荣光”——经历了现代进程的我们，已经将“我是我的唯一主宰”作为自己不容侵犯的默认值——又承担着个体对个体的无限责任。全能的个体在逻辑上一定对应着全责的个体。然而，一旦进入现实，我们就会发现，全能的个体几乎时时刻刻都处于“蜷缩”的状态，原来生活世界中有那么多我们无法主宰、无法决定的结构性力量在压抑着我们。于是，这种结构性紧张的状态成为现代人的普遍命运——满满的焦虑感与压迫感扑面而来，我们在劫难逃。

究竟是什么构成了对个体意志的限制呢？构成限制与桎梏的，是“社会”这个“不可见物”的存在。当我们讨论原生家庭的时候，我们是在讨论人类文明最基础的群体单元——“家”与“家庭”；当我们将原因归为制度环境的时候，我们是在讨论人组合成群体所需要的规则与秩序的问题。所以，严复先生在100多年前将sociology（社会学）翻译为“群学”，是简白、准确又容易理解的翻译方式。生而为人，何以成群？这是社会学的本来面目，它是应对现代文明的到来而产生的学问系统，它关心的是现代人的普遍命运。涂尔干所强调的人类从机械团结到有机团结的转变，便是前文提到的“社会分工系统”的现代之变；马克思所提到的异化与商品拜物教，成为现代人至今无法摆脱的预言；韦伯对工具理性泛滥所塑造的“理性的铁笼”的担忧，现在已经变成了“困在系统中的打工人”的现实。

在这个意义上，追问现代个体所面对的结构性紧张的“根源”，也就是追问那些附着在个体身上的不可见的要素（制度、秩序、文化、传统、习俗），拆解它们产生影响的机制和原理，成为社会学的默认使命。

社会学有时会给人无力之感，这并不是因为它的语言表达艰涩抽象，而是因为很多时候它并不轻易给出标准答案，更不轻易给出“解决方案”。是的，社会学更关心的问题是：这是什么问题？这是谁的问题？这是一种以“是什么”和“为什么”为核心的提问方式，而非“怎么办”的思维回路。至于为何如此，其实不难理解。社会学的研究对象是由一个个具体的、活生生的人所组成的群体，如果我们承认人是复杂的动物，那么毫无疑问，由人组成的群体则是更复杂的存在——当人群聚合时，语言、习俗、文化、历史、价值观、信仰、宗教、制度、秩序等都会“自然”地出现，这种出现并不是“物”意义上的累加，也不能用数学公式完全模拟，它是涂尔干意义上的“社会事实”，是韦伯意义上的由具有主观意义的社会行动所构造的社会实在。社会学是现代性的产物，这决定了社会学研究者不能够简单地将自己的研究对象当作“物”来看待，同时也意味着社会学研究者要非常审慎地给出“对策”，因为每个对策一旦变成“政策”，就很可能在很大程度上改变活生生的人的命运。在这个意义上的审慎不仅是合宜的，更是必要的。

现代人在观念上是旺盛而发达的，他无时无刻不在通过各种技术手段和新闻媒介捕捉生活世界的信息，这种观念上的发达时常使他变得自大，误以为自己似乎能以知识人、政治家或者“救世主”的姿态存在。这种观念上的旺盛也时常让现代人陷入一种抽空的自我状态，很多时候，在他的世界中，除了“自我”，别无他者。这样一种抽象的存在状态使得现代人经常不去追问为什么，而乐于直接给出关于“怎么办”的回答。

本书只尝试在“为什么”层面给出我自己的回答。至于“怎么办”，则是每个神圣个体的自我选择。这不是一本传统意义上严谨规范的学术分析著作，在各章节中，我尝试避免陷入“概念的世界”，也希望可以避免“用老百姓都不懂的名词说老百姓都懂的常识”，我尝试分享我自己对很多问题的“看法”，并努力给出形成这些“看法”的理由。这也关乎我对“社会学”的理解。社会学既不是复杂的数学模型，也不是抽象的理论概念，它为我们提供了理解自我、观察世界的眼镜。试想一下，即便是都从事社会学研究的人，在同一时间去同一个村庄进行田野调查，他们观察到的现象、提出的问题，以及对问题的回答，也都会是不一样的。例如，受福柯影响很大的人，可能会对村庄日常生活中的权力问题产生浓厚的兴趣，而受涂尔干影响很大的人，则很可能更关心村庄的社会分工及社会团结问题。为什么会有这个差异？因为他们自己的生命历程与社会学的“相遇”方式和结合方式都是不一样的。在这个意义上，本书对所谓现代人的社会病理学的观察，也只是我个人的理解，它不一定是“正确”的，但一定是坦诚的。

"是谁出的题这么地难，到处全都是正确答案。"

其实，哪里有什么正确答案，我们不过是在寻找在现代社会中安放自我的方式罢了。

具体而不抽象地活着，是社会学给我们的慷慨馈赠。

第一部分

抽象的社会

01 空心时代

生活的意义为什么消逝了？

人生："混吃等死"的旅行

互联网上流行过这样一个段子。大部分门卫都是哲学家，因为他们都会问同样的问题：你是谁？你从哪里来？你要到哪里去？如果说"门卫三问"是最为切近的"形而下"的问题，那么哲学家问这三句话，本质上则指向了"形而上"的问题。对身处现代社会的普通人来说，扪心自问这三句话，要么是在自嘲，要么是在喟叹人生与活着的意义。

我总认为自己是个幸运儿，因为"生活的意义"这种看上去有点儿"无病呻吟"又让人忍不住去追问的问题，在我的高中时代曾经得到"完美"的回答。那时我遇到两位非常有意思的老师，一位教我们政治，另一位教我们语文，都是刚刚从高校毕业的青年教师，思想活跃，诙谐幽默。他们两个关系非常好，又因为都很年轻，所以和我们这些处在青春期的高中生相处得非常融洽。我记得这两位老师有过一段特别经典的对话。语文老师问政治老师："你说，我们活着是为了什么？"身材微胖的政治老师想都没想就说："我活着就是为了吃饭。"语文老师说："那咱俩不一样，我是为了等待死亡。""咱俩加一块儿，原来就是混吃等死啊！”两人异口同声道。

其实，人活着是为了什么这个终极问题，几乎会浮现在我们每个人的生命旅程中。当你在高中早恋被父母和老师制止时，他们会告诉你生活的意义是好好学习，有个好的前途；当你在大学保持单身时，有人会告诉你要趁着上大学赶快寻找爱情；当你初入职场，在“躺平”与“内卷”之间循环往复时，你会面对七大姑八大姨的催婚“拷问”，似乎这个时候生活的意义就在于一纸婚约；当你终于迈入婚姻的殿堂，享受着二人世界时，耳边会环绕着“花式催娃”的声音，会有人告诉你：没有孩子的人生是不完整的，似乎“孩子”成了你生活的意义所在。

如果“生活的意义”这个说不清、道不明的难题只停留在婚姻家庭和情感生活的领域，那也罢了。你即便在不同的人生阶段获得了那些“看上去很美”的意义，也大概率会在职业生活领域受到类似问题的无情摧残。当我们每天享受着“996”的“福报”，苦不堪言之时，当我们每天将精力消耗在拥挤而漫长的通勤路上之时，我们恐怕都会严重怀疑自己的“人生”：本应“属于我”的时间、精力与生命被完全霸占了，生活的意义只剩“苟且”，似乎已经没有了远方。或许你会认为，我们之所以喟叹自己青春易逝、意义不存，是因为我们还没有实现财务自由，因为没有财务自由，所以没有时间自由，而没有时间自由，生活中的意义也就消失不见了。但是，真的是这样吗？一个人实现了财务自由、时间自由，就不会整天靠在沙发上刷着手机短视频来挥霍时光吗？就不会闲得难受、空虚无聊吗？究其本质而言，生活是否有意义，以及生活的意义是什么，并不单纯是由财富多寡来决定的。在这个意义上，我们应该暂时抛弃马斯洛需求层次理论，对“生活的意义”做一次更具本质性的元问题探讨。或许，我们应该重新思考的并不是“生活的意义从何而来”这样的问题，而是“生活的意义何在”“生活应该有意义吗”这样的“前置性问题”。

传统：彼岸世界的寄托

生活的意义究竟是什么？人究竟是应该只停留在对生存需求和口腹之欲的满足之上，还是要追求更加形而上学的终极意义？对这个问题，不同的人一定会有不同的回答。然而，当现代社会的节奏越来越快，现代人越来越“卷”，“活着没劲”“为什么活着”普遍成为青年人和中年人的口头禅的时候，“意义”问题就已经变成了现代人的一种“时代症候”。一个奇怪的问题是：如果说“意义的消逝”是现代社会的一种时代病，那么在现代来临之前，生活的意义究竟是如何安放的呢？

法国社会学家埃米尔·涂尔干有一本非常有名的著作，叫作《社会分工论》，在这本书中，他指出现代社会与传统社会的最大差别就是人与人之间形成社会团结的类型和形式有了翻天覆地的变化。涂尔干将现代社会来临之前的社会团结称为“机械团结”，将现代社会的团结方式称为“有机团结”。所谓机械团结，是指在传统社会中，由于技术、交通等限制，一个人在日常生活中更多与同质性的人打交道，这里的同质性包括血缘、地缘、同一宗教信仰等诸多内容。[1]而现代的来临最大限度地打破了这种团结形式，生产技术的历史性革新使人类有了批量快速生产的能力，新教改革则赋予了现代人追逐利润的正当性，商业贸易的发达与交通技术的发展使人们的交往范围进一步扩大。随着越来越多工商业城市的出现，人类走出自己的熟悉圈与舒适圈，开始了与陌生人和异乡人的交往，由此形成了基于职业的、异质性群体为主导的“有机团结”的形式。

之所以要讲机械团结与有机团结这两个看上去古老而抽象的概念，是因为在现代来临之前的机械团结的社会中，“生活的意义”在很大程度上是一个无须思考的“先验性”问题。在有着强烈的宗教信仰的文明中，人们此生的生活意义实际上是被死后看不见的“彼岸世界”规定的：一个人生来就带着“原罪”，因此，他此生需要在教义的规定下禁欲，节制地生活，这样才能确保洗清原罪，实现救赎。实际上，无论是基督教还是天主教，抑或是佛教、伊斯兰教，尽管教义不尽相同，对人死后的彼岸世界和未知天国的想象与描摹也不尽相同，但都在“生活意义”的角度对人类的“此世”赋予了终极意义，也由此规定了世俗生活的基本形态与秩序。因此，涂尔干才会在另一本名为《宗教生活的基本形式》的著作中，讨论图腾崇拜究竟有着怎样的社会基础这样的问题。因为他敏锐地意识到，宗教实质上是现代社会来临之前人类的意义所在——图腾崇拜中的“集体欢腾”则是彰显意义的重要仪式。[2]

在前现代社会，能够规定人的生活意义的不只是宗教，政治神圣性、血缘神圣性以及种种根植于日常生活的文化价值取向同样搭建着生活的意义系统。例如，在中国的传统社会中，“忠孝两全”是一个人的至高理想，儒家传统也将“君臣父子”作为人之五伦重要的两重维度，它们都规定着生活的意义——无论是为国尽忠，成为英雄，还是为家尽孝，成为孝子，都是在道德与伦理意义上的“好人”。由此，我们会发现，为国捐躯、成为国之栋梁之所以构成个体的意义，不仅是因为人本身所具有的政治属性，同时还是因为“国之栋梁”本身具有光耀门楣的意义。简单来说，以中国的传统社会为例，我们会发现，生活意义的安放，要么在血缘伦理与家庭伦理之中，要么在奠基于神圣性的政治伦理之中——正所谓“穷则独善其身，达则兼济天下”，在修身、齐家、治国、平天下这个序列中，个体与天下分别处于两端，而中间则是“家庭”与“国家”这两个维度。所以，费孝通先生在《乡土中国　生育制度　乡土重建》中强调，所谓乡土社会并非“土气”，而是一种基于乡土和历史形成的伦理社会。[3] 这个伦理无论属于政治维度还是家庭维度，都在漫长的历史演进中构建着我们的意义系统。[4]

实际上，在西方文明的历史中，安放意义系统的也不只是宗教这个单一领域。如果你熟悉哲学，你就会知道亚里士多德所说的“人是城邦的动物”这句话，其本质是在讲古典政治的一个核心是要培养公民勇敢与善良的德行，可以为城邦献身和牺牲。如果你看过经典电影《教父》，你同样会感到家、家庭和家族在人生命中的重要性。综上所述，无论在现代来临之前，人们将生活的意义安放在哪个“价值域”[5]，这个意义都有一个共同的特征，那就是它是被安放在“自己”之外的。无论是宗教的神义、政治的忠义、家庭的孝义还是伦理的道义，生活的意义都不在自己身上，而是在身外的种种“价值域”之中。

我们的父母那代人甚至更老的一代人经常会说：我这辈子就是为了孩子活着。尽管“为你好”在很多具体情境下会被认为是“越俎代庖”，甚至会引发代际争吵，但不可否认的是，父母一辈人在很多时候是将自己生活的意义“让位”于子女和其他家人的。其实，子女何尝不是如此？在现实生活中，当有朋友表达自杀的倾向或者情绪时，当他（她）流露厌世轻生的情绪时，我们也会经常这样劝解：“别的不说，你不为自己想，也要为自己的爸爸妈妈想想啊。”当我们说出这些话时，我们不妨静下来想一想：在我们的潜意识中，生活的意义是不是也并不完全在自己身上呢？

自我：日渐空心的载体

“为别人考虑，为自己活着”曾经是非常流行的心灵鸡汤，在我看来，这句话属于比较温和地表达现代人的“自我意识”的话，如果更为激进一些，那就是“我的地盘我做主”“我的生活我做主”。实际上，一个现代人即便不把上面这些话挂在嘴边，也一定会把它们埋在自己的内心深处，它们由此变成现代人的集体无意识和生活默认值。现代人不再愿意子承父业，而要选择自己热爱的志业；不再遵从媒妁之言、门当户对，而要追求属于自己的感情；不愿再将生活的意义安置在“身外”，而要从自我主宰的生活中寻找“意义”。

理想是丰满的，但现实总是骨感的。当现代来临之后，经历了文艺复兴、启蒙运动、自然科学发展与商业贸易繁荣的现代人，内向投射于自我的个体意识已经充分觉醒，“大写的人”也在漫长的历史时空中站起来了。然而，现代人必须面对的一个非意图后果就是：以平等、自由和独立构建的现代人的精神固然美好且值得追求，但作为现代人生活意义载体的“个体”也由此变成了“沉重的肉身”。

当我们每个人说着“我的生活我做主”，以“自己的支配”作为寻找和安放生活意义的前提的时候，我们却悄然发现，现代人陷入了对现实生活的“无限怀疑”。一个不可辩驳的事实是，很多现代人在“996”、催婚、催生、“内卷”、“社恐”（社交恐惧症）的日常生活中逐渐变成了“空心人”：工作中的打拼不再是为了职业梦想，也不是为了自我实现，而是为了生计，自己成了一个为老板工作的满身疲惫的“工具人”；婚不是为了自己结的，生育似乎也成为一个被各种社会要素和环境压力塑造的非自主选择。不仅如此，从事学术工作的人也将自己职业的意义从“探索未知”变成了“发表论文”，进而变成了名利双收乃至“头衔等身”。以上种种，都在对“将自己作为意义”的现代人进行无情的拷问：作为意义承载者的个体，以及附着其上的“独立”等价值理念，真的靠谱吗？换句话说，每一个现代个体，真的有足够的能力和品格来承载生活的终极意义吗？被工作和生活压得喘不过气的现代人，被无限异化的现代人，早已经被那些“生命不能承受之轻”掏空了身体与心灵，似乎再无力气持久承载一个恒定而终极的意义。

当现代来临之后，西方发生了一场有着深远影响的宗教改革，对利润的追逐、对财富的积累不再被认为是人性贪婪与虚荣的表现，也不再为改革后的基督教教义所对抗，而是成为现代人获得上帝荣耀与选民资格的重要表征。[6] 更重要的是，表面上，韦伯的“新教伦理之问”既是个现代问题，又是个西方问题，但是其本质具有高度的普遍性——尽管自古以来，人性本善还是人性本恶是一个哲学家们不断争论且没有定论的命题，但趋利避害、贪婪懒惰是人本性的组成部分，因此，无论是何种文明、何种宗教、何种文化传统和政治类型，本质上都在和这一部分人性的弱点对抗。然而，以自然科学的进步为基础、以工业化为技术手段、以效率最大化为底层逻辑的现代性，在最大限度地提升普通人日常生活的水准和便利程度的同时，也在最大限度地冲击着这些对抗性力量。

因此，完成了“祛魅”[7]过程的宗教的世俗化程度越来越高，而经历了政教分离的政治也将“道德”“意义”这些终极问题重新让渡给宗教，自身只围绕权力的来源、分配与执行运转，针对个体行为是否规范来进行治理，进而体现自身的“正义”。而在经济与市场领域，有了神义论“加持”的理性人本性不断推动着生产和贸易的繁荣，与此同时出现了马克思所讲的“商品拜物教”与“人的异化”。以上种种充分表明一个冷峻的现实：现代人在试图将终极意义从宗教天国、君主神圣和祖先崇拜这些“身外之物”上卸载，并以自己的肉身和生命来独立承载意义的时候，却也面对着各个领域的急速“祛魅”。于是，现代人普遍面对着两种现实困境：一种是在生计与“内卷”中眼睁睁看着意义消逝，另一种则是试图在个体生活中找到意义，却充满疲惫、无力与迷茫。被加载了终极意义的现代个体，在日复一日的循环中，逐渐被冲刷成了空心状态。

意义：无处安放的迷梦

如果现代人将自己而不是外物作为终极意义的载体，而这个载体又会在诸多社会现实的冲击下变得空心与疲惫，那么，究竟要将意义安放在何处呢？难道退回到前现代的传统社会中，重新将意义还给那些看不见、摸不着的形而上的神圣吗？因此，现代人遇到的与其说是“意义消逝”的难题，不如说是一场意义无处安放的迷梦。

实际上，人类在步入现代社会这个庞大系统，面对一个祛魅的世界时，尝试过为终极意义寻找“落地方案”。韦伯在关于新教伦理的讨论中明确将现代社会中的“职业”称为“天职”，英文为“calling”，其内在含义是一种来自上天的召唤。简单来说，在韦伯看来，现代文明中的个体所迈入的职业生涯，可不只是简单的生计和赚钱，而是践行上帝所赋予的神圣使命，而生活的意义也就此安放。实际上，不只是韦伯，另一位同时代的社会学思想家涂尔干在《职业伦理与公民道德》中也敏锐地看到，当人类社会从机械团结进入有机团结，整个社会分工系统越发复杂，职业生活占据着现代人生活的大部分时间和精力的时候，职业实质上承载了培育公民道德的职责，只不过与宗教通过教义、政治通过忠义、血缘通过孝义来培育道德不同，现代社会中的职业系统是通过所谓职业伦理来实现的。[8]

我在学校给学生上社会学理论课的时候，讲到韦伯的天职观念，曾有学生在课后问了我这样一个问题："老师，按照你在课上的说法，难道说现在的西方人在从事自身职业的时候，还会想着这不是在赚钱，也不是为了满足口腹之欲或生计需要，而是在践行上帝的使命和实现生活的意义吗？"

如果要确切地回答这个问题，我们恐怕需要对当下的西方人进行一次大规模的抽样调查。但是，即便不做调查，我们从日常生活的经验出发也会知道，上述问题的答案大概率是否定的。这并不是说韦伯错了，恰恰相反，韦伯既看到了作为天职与神启的职业在现代社会中的作用，又预言了现代社会的命运——被工具理性的牢笼困住的现代人。实际上，无论是何种文明的人，在高度竞争和"内卷"的职业系统中，在以效率为理念、绩效考核为机制的职业系统中，所谓"意义"问题都早已经被摩擦得连火花都燃不起来了。

职业系统在现代社会中的蜕变与异化只是现代社会的一个缩影。正如我们在前文提到的那样，无论是婚姻情感还是职业生涯，抑或是选择彻底"躺平"的生活方式，意义问题在其中都已经渐渐变成了一个无处安放以至于任其消逝的迷梦。只不过现代人时常从这个梦中醒来，试图以各种方式实现对意义的"拯救"。

第二次世界大战后，曾经有一个文学流派风行于西方世界，以杰克·凯鲁亚克为代表，该流派作家被称为“垮掉的一代”。为什么会有这样一个听起来很消极的名称呢？就拿凯鲁亚克的代表作《在路上》来说，这本小说表面上是在写一群放荡不羁、放浪形骸、浪迹天涯的年轻人，但其本质呈现的是“意义何处安放”“现代生活是否需要终极意义”这样的“元问题”。书名准确地传达了这样一种意象：我们经常说“活在当下”，但是“当下”究竟在何种意义上可以为我们提供意义呢？拼命“卷”起来就有意义吗？彻底“躺平”就不烦恼了吗？我们还经常会说“活出自我”，究竟什么是“自我”？如果“自我”是空心的，那活出自我又有什么意义？所谓“在路上”，其实有两种解法：其一，“在路上”的每一刻就是意义本身，这种理解实质上已经将终极意义从一个形而上的问题变成了一个形而下的问题，就如本章开头所讲的那样，“混吃等死”的每一刻就是生活的意义本身；其二，“在路上”描摹出了现代人的普遍命运，即始终走在寻找意义的旅途上，或许就是意义本身。

对于“生活的意义”这一问题，我也无法给出答案。正如何勇在《钟鼓楼》中唱道：“是谁出的题这么地难，到处全都是正确答案。”但至少，我对为什么会出现“生活意义的安放与消逝”这个问题进行了解答。现代性是普遍历史的具体展开，每个现代人都处于逃无可逃的状态。因此，一个人需不需要意义，去哪里寻找和安放意义，一个人的生活意义到底应该是什么，这些问题根本就没有标准答案。然而，现代人需要的或许根本不是标准答案，而是真实的勇气。因为现代人必须意识到，如果还想将终极意义加载在个体的肉身之上，那就要有足够的力量来承受或轻或重的“意义”。

02

精神鸦片

网　络　游　戏　为　什　么　会　成　瘾？

沉迷："心"的内在属性

2022年秋，一款名为《羊了个羊》的小游戏几乎在一夜之间成为"爆款"。这款游戏无论从设计上还是从游戏体验上看都不复杂，只是设置了关卡难易程度"两极化"的差异和特殊的竞争机制。就是这样一款小游戏，却在用户群体中引发了疯狂追捧。更有意思的是，相关财经媒体报道，开发这款游戏的公司是一家上市企业，而根据这家公司在2022年10月26日晚间披露的三季报，这家公司拟每10股派发140元现金，合计金额达到10.06亿元。媒体指出："其前三季度归母净利润为10.12亿元。换句话说，这家公司准备把一年内赚的利润全部分掉。而在这当中，其实控人卢竑岩将拿走超过3亿元的额度。"[9]

这样一款并不复杂的游戏之所以可以在短时间内赚得盆满钵满，一个很重要的原因就在于，在当今的技术环境与商业逻辑下，一款游戏的在线活跃用户数本身就是最大的价值，因为附着在这些抽象的数字之上的，是在商家和资本方看来无限的商业机会（例如广告投放）。本章并不想围绕作为"产业"的游戏行业的资本运作逻辑展开讨论，而是想以这个新近出现的"爆款案例”为引子，具体讨论“游戏”之于现代人、现代社会的意义。

其实，随着技术的发展和客户端的不断迭代，《羊了个羊》这种设计简单的小游戏根本不足以和游戏行业中的“头部品类”竞逐。随着互联网时代的来临，以及家用电脑和智能手机的普及，整个游戏行业曾经催生出无数“爆款”，从较早的《魔兽世界》《魔兽争霸》《反恐精英》，到后来的《DOTA》《英雄联盟》《王者荣耀》，还有“长盛不衰”的诸如《FIFA》《实况足球》等体育竞技类游戏，都在一段时间内“各领风骚”，也都拥有庞大和“坚固”的用户群体。不仅如此，以技术为“底座”的游戏无论是在虚拟仿真的程度上，还是在操作可玩性的角度上，都在日新月异地迭代，这就像一个具有极大吸力的黑洞，将无数用户及游戏开发者卷入其中。《2022 年 1—6 月中国游戏产业报告》披露，中国游戏产业在 2021 年春节达到了用户高峰，即 6.67 亿名用户，而 2022 年 1—6 月，中国游戏市场实际销售收入达到了 1 477.89 亿元。[10] 这样一个庞大的游戏用户群体，除了带来了经济意义上的资本效应和就业机会，还带来了一个社会关注的热点问题，即“游戏成瘾”对青少年群体的负面影响。在绝大多数人看来，游戏成瘾、网络成瘾的危害虽然与毒品这样的身体性成瘾不可同日而语，但仍然有着巨大的危害。

实际上，自从中国社会进入互联网时代，“网络”及其“周边”所形成的成瘾问题就不断引发社会的关注与讨论，甚至出现过各种针对“网瘾少年”的非法戒断机构——用电击治疗网瘾的杨永信所在的临沂市第四人民医院网络成瘾戒治中心就是其中的典型。如果说毒品成瘾及其戒断更多属于生理学范畴，那么网瘾及游戏成瘾的问题更多属于心理学的范畴。作为一名社会学研究者，我尝试对“游戏成瘾”这一问题做出社会学范畴内的讨论。

在如今的生活中，我们都会遇到酷爱打游戏的人，当我们看到一个人双手横握手机的时候，他大概率是在玩游戏。有人玩起游戏来六亲不认、昼夜不分，甚至因为通宵玩游戏而猝死的极端案例都不断见诸报端。那么，现代人特别是年轻人为什么会出现“游戏沉迷”的现象呢？

关于沉迷的心理学机制和脑科学机制，这里不做讨论，如果从社会学的视角来看，我们首先不得不面对的一个“前置性”现实是：沉迷于某件事情，其实是人本性的一部分。这是一个不需要研究多么高深艰涩的理论就可以直接观察与感受到的事实：有些人不会沉迷于游戏，但可能沉迷于烟酒，或者沉迷于某种爱好，比如有人酷爱足球或者篮球等运动——在我自己的生活世界中，我就见过整天都在球场上踢球的人。再比如，有人沉迷于音乐，或者沉迷于徒步户外，等等。实际上，人尽管是动物，但是一种具有主观意志的“高级动物”，而个体会沉迷于什么东西，在某种程度上也是其主观意志的呈现。简单来说，沉迷其实是现代个体的普遍状态，或者说它是人性中的内核部分，因为生活中一定存在某种东西，它符合你的本性，让你乐于投入其中，从而获得快乐与满足。

那么，如果“沉迷”是人本性中的一部分，为什么在大众的普遍认知与观念中，沉迷游戏是不好的呢？或许你会觉得这个问题的答案是不言自明的——因为“游戏”耽误学习，同时又没有“实际用处”。这是一种典型的韦伯所说的“工具理性”的理解方式。踢足球起码可以锻炼身体，热爱音乐起码可以陶冶情操，但是玩游戏除了会导致“丧志”，好像并没有其他“实际用处”。这种想法其实是一种存在明显问题的偏见，但我们不妨把对“偏见”的批判和对“解药”的探寻放在一边，先来讨论一个在我看来更具本质性的问题：为什么现在的电脑游戏和手机游戏都如此容易让人“沉迷”呢？

“游戏”自古就有，“电子游戏”也早在半个世纪前就出现了——大多数 80 后、90 后的童年都是在小霸王、小天才等卡带式游戏机和形形色色的街机的“陪伴”下度过的，尽管当时的家长也会对此“批评教育”或者“围追堵截”，但是似乎“沉迷”“成瘾”问题并不如现在这般严重，这又是为什么呢？

介质：“人”的体外器官

对 80 后、90 后来说，无论是童年时代的掌上游戏机、卡带式游戏机，还是街机以及后来的电脑游戏，都曾或多或少引起人类这个物种的“沉迷”。然而，我们需要注意，与之前不同的是，当游戏的介质从过去的游戏机和电脑变成了智能手机，游戏介质的生存环境和基础架构从单机或者局域网游戏变成了以5G为基准的高速实时通信技术时，整个游戏的生态都和之前不同了。

对今天的人类而言，手机不再只是通信工具，还是人类的生活本身。早在20多年前，美国社会学家卡斯特就预见了以计算机和互联网为核心的技术革命对人类社会可能产生的巨大影响，完成了《网络社会的崛起》这本著作。以现在的眼光看，这本书的内容似乎并没有什么高深的洞见，但是如果将时针拨回到20多年前，有人告诉你未来出门可以只带手机，可以实现全世界不同地方的人同时在线玩同一款游戏，打同一关，还需要彼此配合和进行总体战略部署，你大概率会觉得这是天方夜谭。而《网络社会的崛起》这本书却在这个意义上具有高度敏锐的先见之明。卡斯特详细分析了互联网与信息技术的崛起给“社会”带来的一系列变化：它既是人类社会生产力和生产方式变革的催化剂，又是新的大众文化和传媒方式的培养皿。它从生产到生活，从个体到社会，全方位地塑造着人类的世界。[11]

或许你会说，无论是互联网还是智能手机，抑或是未来的互联网、元宇宙、人工智能等，都只不过是技术。然而，当今互联网技术的最大特征在于，它已经具有远远超过技术属性本身的特征。现在我们早已习惯出门只带手机，用手机支付、阅读、听歌、观影，通过手机完成绝大部分日常生活事项。在这样的情况下，我们的生活习惯被互联网高度塑形：我们习惯了读短、平、快的文章而早已懒得阅读鸿篇巨制；我们喜欢通过各种短视频网站来看电视剧和电影，进而发明了“某音追剧法”，或者用“倍速”的方式来最有效率地观看视频。当上述变化在我们的日常生活中一点点发生的时候，我们会惊讶地发现，手机早已不是机器，而是作为现代人的一种“体外器官”存在着。可以想象，当手机成为人的“体外器官”，“人不离机”成为一种普遍现象的时候，以这样一种“体外器官”为载体和介质的游戏，无论如何都比之前任何一种形态的游戏更容易使人沉迷，因为它的时间成本、介质成本相较之前都大幅降低了：我们不需要出门去“大型游艺厅”，不需要去网吧，甚至以手机为介质的游戏玩家几乎可以随时随地登录游戏，相比之前，也更容易躲避老师、家长及身边人的“围追堵截”。

虚幻：“真”的二律背反

对玩家而言，现在的游戏除了“沉迷”的技术成本较低，还有其他让人欲罢不能的原因，那就是它所具有的“社会学特征”——这几个字可能并不准确，与其说是“社会学特征”，不如说是现在的游戏内容和形态与现代社会的“选择性亲和”关系。

身处互联网时代的“现代人”究竟面对着怎样的生活世界和具体处境？当我们讨论这个问题的时候，我们恐怕会想到如下关键词——“卷”“躺平”“无意义”“孤独”“宅”“抑郁”“焦虑”“社恐”等，不一而足。在上述词语中，我们可以捕捉现代人存在状态的鲜明特征：我们孤独却渴望社群生活，我们不甘庸碌却找不到生活的意义，我们渴望被理解却害怕被人冒犯与伤害。在这样的情况下，以游戏为主题内容的互联网虚拟世界为现代人“不受伤害”地“舒展自我”提供了最大的可能性。尽管我国的游戏监管体系已经日臻成熟，各个类型的游戏现在基本都需要实名认证，但是从实践层面来看，当今的游戏世界依然处于高度匿名化的状态。

无论是过去的男孩子三五成群地去街边的街机游戏厅、打桌球、踢足球，还是现在三五好友去桌游吧、玩剧本杀等，这些都属于广义上的“游戏”范畴，是容易使人沉迷的东西，其重要的特点之一就是需要面对面的、实名化的、真实的人与人之间的交往。在面对面交往的情况下，每个人无论性格多么鲜明，或者多么以自我为中心，总是或多或少需要顾及同伴和其他人的感受。比如，当队友在球场上浪费了自己的绝妙助攻的时候，我们能不能破口大骂？再比如，当我们在现实中遇到一个“人菜瘾大”的同伴时，我们究竟是何种心情？在现实的面对面的游戏中，上述这些情况很容易使我们的快乐体验大打折扣。然而，在匿名化的虚拟世界中，每个玩家都在“理论”上享有“虚空的自由”。简单来说，所谓虚空的自由，就是无负担的自由。什么是无负担的自由？就是在虚拟的游戏世界中，如果队友的技术“垃圾”，那么我们可以想骂就骂，甚至可以“连麦”开骂，至于骂完之后会有什么后果，并不在大多数人的考虑范围之内——大多数游戏玩家在现实生活中并不认识彼此，很多时候即便是被骂的一方，也不会尝试找出这个骂自己的人的真实身份。在游戏世界中，玩家形成了一种快速、匿名的聚散方式。

实际上，“电脑游戏”或者“网络游戏”并不是最近才出现的新鲜事物，但是我们仔细观察一下就会发现，近十年来，随着移动互联网的快速兴起，即便是在“网络游戏”这个“细分赛道”上也发生了很大的变化，其中一个鲜明的特点就是游戏内容、机制和呈现方式上的“随机化”和“快速化”。在21世纪前十年流行的诸如《星际争霸》《红色警戒》《魔兽争霸》《反恐精英》等电脑游戏，尽管可以联网，但很多时候都是以局域网为“底座”而展开的，很多玩家都是现实生活中彼此认识的人，大家集体参与，体验着游戏带来的快乐与刺激。后来以《魔兽世界》为代表的战略游戏则非常强调“社群”“公会”等的组织与培育，尽管是虚拟世界，但是要想在这些游戏中获得良好的体验与成就，就必须在互联网这个虚拟世界中形成某种共同而固定的社群生活，甚至可能还需要制定公共秩序与规则，而这些游戏最刺激的地方则是大规模多人实时在线团战所带来的征服欲与成就感。然而，如今流行的各种游戏更多是通过匿名用户的随机匹配和随机组队等机制来实现的，整个游戏更多是以个人为单位来“核算”成绩与等级的，单局游戏的时长在变短，游戏的单局结算节奏在加快，也不需要一大群人长时间共同在线完成团队任务，这样的游戏机制非常符合前文所描述的现代人的一系列存在特征。大家打游戏就好，合则聚，不合则散，不必有太多嵌入彼此真实生活世界所带来的负担。

如果想在更深层次理解现在的各种网络游戏究竟何以像钉子般牢牢地揳入现代人的生活世界，除了前文所提到的游戏机制上的诸多特征，我们还需要对现代人的存在状态加以讨论。一般认为，经历了文艺复兴、启蒙运动、大航海时代、工业革命、全球化浪潮等一系列复杂历史进程才迈入“现代”门槛的现代人，其存在基础是最基础的理性。然而，正如韦伯所指出的，现代人终将陷入“理性的铁笼”之中。

没有人知道未来谁将生活在这个铁笼之中，没有人知道在这惊人发展的终点会不会又有新的先知出现，没有人知道那些老观念和旧理想会不会有一次伟大的新生，甚至没有人知道会不会出现被痉挛性妄自尊大美化的机械麻木。因为，完全可以言之凿凿地说，在这种文化发展的最近阶段，“专家已没有精神，纵欲者也没有了心肝；但这具躯壳却在幻想着自己达到了一个前所未有的文明水准”[12]。

在韦伯呈现的现代理性搭建的“铁笼”之中，每个“理性”

的现代人需要在现实生活中谨小慎微、权衡利弊，来求取行动本身的最恰当手段、最小成本及最大收益，这就是现在互联网上流行的金句“成年人不问对错，只看得失”的高阶版表达。然而，人终究是一种区别于其他物种的“高级动物”，韦伯所讨论的“理性”诸类型中还包括“价值理性”这一维度。现实生活世界的规训在压抑着现代人对“价值理性”的强烈诉求。无论是严重“内卷”、钩心斗角的职场生活，还是互相利用、貌合神离的人际关系，都使现代人越发“蜷缩”。但是，这种蜷缩并不意味着对自我价值的彻底摒弃，而匿名化的游戏机制、短平快的游戏节奏、高度仿真的游戏设计，恰恰成为现代人“应然自我”的完美栖身之所——在游戏世界中，我们不必像在真实世界中那样到处“躲藏”，我们可以恣意甚至毫无顾忌地放大自己的情绪；在游戏世界中，我们可以体会指挥千军万马的成就感，体会说翻脸就翻脸的快感而无须背负过重的道德负担。

此外，现在的电子游戏和网络游戏在其所涉及的内容与主题上或多或少带有一定的政治内涵：无论是游戏画面的精心设计，还是游戏主题的整体考量，政治元素都成为游戏不可或缺的部分。《魔兽争霸》《魔兽世界》《暗黑破坏神》等游戏蕴含着西方神话传说的意象，《星际争霸》则是人类对外太空物种和空间无限想象的映射，当下流行于全球的各种游戏也都带有如上属性——在游戏画面中会有各种“时局热点”的布景，在游戏机制的设计上又经常“暗藏玄机”。

在很多游戏中，“团战”是极具吸引力的，在一个虚拟化和原子化的游戏世界组建自己的团队，形成自己的秩序，甚至管理上百位同盟成员——很多在生活世界中无从实践的想法和做法都可以在游戏的虚拟空间中加以实施。如何组建自己的团队，如何生成新的秩序，如何分配权力，团队领导究竟以何种原则产生，团队内的规则如何确定，又如何确保规则能够得到正确的执行……游戏玩家所面对的以上问题，都是政治社会学领域内的“元问题”。

在这样的情况下，在游戏世界中，玩家既可以将自己管理的同盟设计成一个遵从丛林法则的无政府状态，也可以在虚拟世界中建立一个原教旨的绝对独裁体制，游戏世界在虚拟空间的拓展，使得在现实生活中处处被规约的现代人一下子“破茧而出”。正如姜宇辉在《游戏何以政治？》一文中指出的那样，在很多策略、经营、模拟类的游戏之中，你要做的是复杂的统筹工作，其根本目的无非是让你手下的社会和国家迈向积极而美好的未来。在这个过程之中，你慢慢会觉得政治没有那么复杂和高深莫测。游戏中的政治，不仅让每个玩家“鼠标在手，未来我有”的即时感油然而生，更可激发一种“天下兴亡，匹夫有责”的责任感与使命感。[13]

当下的游戏机制，实质上与现代人那种如同浮萍般的存在状态形成了完美的“亲和”关系，它既可以让现代人实现以自由、自我为主题内容的价值满足，又给现代人充分的匿名性保护，可以让他们既浸淫其中，又可以毫无负担地表达或者退出。如果说互联网社会是一个依托形形色色的“符号”搭建的意义系统，那么正如著名社会学家叶启政描述的那样：“如此活在符号不断滋生的虚幻世界里，人并不需要严酷的心性试炼努力，也缺乏致命伤害的机遇，轻盈得像一朵云，东飘西荡的。”[14]

当现代人的生存状态如同浮萍般轻薄的时候，游戏世界为他们提供了安放轻薄、舒展自我的物理空间。

监管：“堵”的意外后果

现在的电子游戏和网络游戏受众的辐射广度相比之前已经大大增加，随着智能手机的大范围普及和移动互联网的快速迭代，电子游戏已经不再是青少年玩家的“专属领域”，而是覆盖了各个年龄段。由此，我们会看到在各种类型的新闻媒体报道中，沉迷游戏、游戏成瘾问题不断出现，甚至成为引发社会大众竞相讨论的“社会热点”。2022 年 1 月 19 日，时任中共中央宣传部副部长的张建春在 2022 年全国出版（版权）工作会议上强调，要坚决防止未成年人沉迷网络游戏，切实加强网络游戏内容审核，不断完善网络游戏长管长严机制，着力提升网络游戏内容质量和文化内涵，严肃处罚违法违规行为，为青少年身心健康成长营造良好网络文化环境。[15] 实际上，从 2021 年 8 月《关于进一步严格管理　切实防止未成年人沉迷网络游戏的通知》印发后，各个部门相继出台了法规政策，进一步加大未成年人保护工作的力度。例如，2022 年 3 月 14 日，国家互联网信息办公室发布了关于《未成年人网络保护条例（征求意见稿）》再次公开征求意见的通知，而国家广播电视总局则于同年 4 月 15 日发布了《关于加强网络视听节目平台游戏直播管理的通知》，各个职能部门不断加大力度，以防止未成年人沉迷网络游戏。同时，整个游戏行业也开始了一系列技术变革，例如全面接入实名认证平台，开发上线游戏防沉迷系统，并尝试建立一系列具体机制，来防止未成年人冒用家长身份或租借他人账号登录游戏。

这些措施在一定程度上对于改善沉迷游戏乃至游戏成瘾的现象具有积极意义。综观这些措施，其基础的逻辑起点在于“堵”，即尝试通过规范规则、提高门槛等将未成年人“隔离”在游戏的虚拟世界之外，那么，这种“堵”的策略有没有“漏网之鱼”呢？或者说，这种策略有没有“意外后果”呢？

近年来，有一种新兴的产业正在悄然兴起，即游戏代练行业。简言之，有一群人专门将帮助玩家控号、养号、练号作为自己的收入来源。他们同时登录几十个甚至上百个游戏账号，甚至会成立工作室，使自己的“业务”产生规模效益。这一行业既缺少应有的行业规范，又属于制度的灰色地带，存在着监管上的模糊与困难之处。试想，当游戏玩家本人由于各种各样的限制，无法随时随地登录游戏或者长时间在线时，游戏代练产业的兴起自然成为逻辑链条中的必然环节。不仅如此，游戏代练及相关工作室是以盈利为目的的，因此它们一旦形成了游戏攻略介绍、玩家论坛、代练团队等产业链条，就自然会在利益的驱动下尝试突破各种制度监管与规范约束，而这种产业链条的兴起、壮大乃至“成熟”，本身也使自己成为沉迷游戏机制的重要一环。如果我们将游戏不只看作一项休闲娱乐活动，也不只看作一种新技术条件下的社会文化现象，而是看作一个有着巨大经济效益的现代经济学问题，那么当“玩游戏”变成一种资源的时候，监管体系反而会意外地让这种资源稀缺化，而稀缺的资源就意味着人们可以用货币去购买和交易，因此也就促进了产业链条的兴起。

现在的电子游戏和网络游戏，其属性早已超越了“游戏”两字本身的含义——它们是商业社会的一部分，如同其他行业一样，是一个有着上下游产业链、可以带来经济效益、为整个社会提供就业岗位的“全链条产业”。不仅如此，现在的游戏行业，无论是游戏内容的设计，还是游戏机制的安排，都与现代性之下个体的生存状态高度契合：它为现代人提供了一个可以充分实现个体自由意志的场域，让深陷其中的人充分感受到虚拟世界“无负担”的自由所带来的畅快，并尽情体验“游戏成就”。而越来越逼真的场景设计、VR（虚拟现实）游戏的不断推陈出新，都在模糊个体对“真实”与“虚幻”的认知边界。

在互联网时代来临之前，甚至在现代社会来临之前，人是一种“经验性动物”。所谓经验性动物，是指个体形成对世界的认知，形成自身的观点、习惯与思维路径，更多依靠切身的“经过”与“体验”。而随着技术的进步，各种各样的大众媒介兴起，人类经历了从广播到电视再到互联网的快速迭代过程。大众媒介高度发达，人类认识、感知生活世界的方式也发生了剧变：人们通过各种媒介可以体会到从未真实经历过的事情，这种间接经验更具效率属性，因而被现代人广泛地接纳与认可。于是，现代人以发达的媒介系统为自身的触角，形成了一种以各种各样的符号系统和间接经验塑造自身的方式。在这样的具体情境下，越来越逼真的游戏将虚拟世界与个体存在状态之间的距离拉得更近，甚至使其合为一体。叶启政敏锐地看到了这种现代性的底层逻辑，他指出：人与人之间的关系被抽象化，甚至被架空。[16] 这种抽象化的人际关系在现在的游戏场景中展现得淋漓尽致，人与人的聚合与离散变成了指尖的按键，这个按键既可以是游戏登录键，也可以是退出键或者删除键。

因此，技术越发达，场景越逼真，现代人越“理性”，游戏对真实世界的“殖民化”就越顺畅，程度就越高。现代人在为了防止沉迷游戏而不断设计更规范和更严苛的监管系统的同时，或许应该考虑另一个问题：究竟怎样的方式可以将现代人拉回并使其沉浸到真实世界之中？或许，这才是防“沉迷”的底层答案。

03

算法系统

被殖民的生活世界意味着什么？

弥散：无孔不入的生活默认值

每次给新生上“社会学概论”这门课程时，我都会开门见山地阐明社会学这门学科的本质属性：社会学不是“剩余”学科。相反，社会学是一门“大学问”，它是为应对现代社会的来临和巨变而诞生的学问系统，是关于现代人时代命运的知识。我记得很清楚，曾经有学生提出了这样一个问题：“老师，您总是强调现代社会、现代人，那现代人究竟有怎样的特质呢？”其实，如果从纯粹的知识与学术的角度来看，这个问题会有很多回答，“理性”“文明”“独立”“自主”“功利”等都是现代人的重要标签。但如果非要让我用一句非常通俗而直白的话来形容我们这些现代个体所具有的鲜明特征，那就是：现代人有三只手，手机是其中一只。换句话说，尽管“疯狂科学家”正在研究的“脑机接口”距离真正落地可能还要几年或者十几年，但是手机如今俨然已经成为人的体外器官——它不再只是一个通信工具，甚至也不再只是资讯工具，而更是我们的“生活”本身。吃饭、休闲、游戏、差旅，甚至是开会和工作，每个人几乎都离不开它。我们的生活世界正在被智能手机深刻塑造着。

然而，支配我们生活的真的是手机吗？在我看来，手机只是个“背锅侠”，真正在潜移默化中重新塑造我们生活默认值的，是算法。

为什么这么说呢？我先来讲我自己的两个故事。

作为一名 80 后，我是听着窦唯、张楚的摇滚乐度过自己的青春期的，到现在各种音乐 App（手机软件）里还存着他们的歌。我在使用音乐 App 的时候，经常会选择各种摇滚乐歌单来听。但是最近一段时间，我发现我的音乐 App 经常给我推送各种与《漠河舞厅》这首流行一时的歌曲曲风相似的音乐。这到底是为什么呢？仔细想想，是因为我之前从某个短视频平台刷到了这首歌，一时间被它的旋律“洗脑”，后来我就在音乐 App 中搜了这首歌，还有一段时间设置了单曲循环。恐怕因为一段时间内听同一首歌的频率太高，我被 App 背后的算法通过大数据的计算自动识别为喜欢某一曲风，然后就被推送大量同类型的音乐，我的音乐偏好就这样在无形中被“支配”了。

如果说音乐只是休闲意义上的个人“偏好”，不是生活的刚需，那么在吃饭这个问题上，我同样遭遇了“算法”。有一段时间，我在学校要一天连上六节课（上午三节课，下午三节课），中间只有一个小时的吃饭时间。因为临近中午的食堂人非常多，为了不耽误下午上课，我经常在上午上课间隙点好外卖。为了保证有足够的热量，又为了确保送餐时间，所以我当时几乎每次都点麦当劳。于是，一段时间之后，我发现无论我在什么地方拿起手机，打开外卖 App，排在页面前几名的自动推送的商家都是麦当劳、肯德基、汉堡王、德克士等快餐品牌，以至于要想点其他口味的餐厅，经常要下划页面才行。更值得琢磨的是，在很多时候，点外卖对我来说本身就是为了“省事”和“快速”，所以我经常为了迅速解决吃饭问题而懒得下划页面，只“就近”选择各种汉堡包套餐。于是，在“吃”上，我也在无形中被“算法”支配了。

实际上，相信大家一定都有和我类似的经历。在短视频平台上，你刷到的某一类视频越多，停留的时间越长，短视频平台就越会给你不断推送同类型的内容；在各种影视 App 中，如果你看的悬疑犯罪剧很多，平台也会不断给你推送同类型的作品。因此，与其说手机支配着我们的生活，还不如说“算法”才是那只看不见的手，它在定义着我们生活的默认值，编织着那张看不见的“网”。

狡黠：深藏不露的技术中性论

相较于传统社会，现代文明的一个重要特征就是独立、自由、平等这些基本观念根植于现代个体的生活世界之中。在这个意义上，现代人普遍不再像过去那样，将政治权力与宗教权力看得无比神圣，以至于它们可以主宰自己的一切——对现代个体而言，我们坚信只有自己才是真正的主宰。然而，无论是上面这些生活中微小的事，还是每个人或多或少的个人经历，似乎都在不断地隐隐提醒我们：我们真的可以完全主宰自己的生活吗？我们以为的那些生活中的日常，完全是我们自己选择的结果吗？还是冥冥之中有某种特殊的力量隐秘而精准地影响着我们生活，甚至塑造着我们生活中的各种选择呢？

在手机成为人体器官的组成部分的时代，各种 App 背后的算法在为我们的生活提供空前便利的同时，也在默默影响着我们的选择，甚至在重新塑造着现代人本身：它在无形中改变着我们的阅读习惯，改变着我们接收资讯的方式以及接收的资讯内容。曾经有一个朋友跟我说：“你有没有觉得，短视频刷多了，人都变‘傻’了？”我问：“为什么？”朋友说：“一看你就不刷短视频，你试试就知道了。”

作为一个社会学研究者，自然不能脱离这个时代和社会，于是，我也开启了自己的短视频之旅。刷了一段时间后，我发现，说短视频让人变“傻”有点儿言过其实，但是短视频的特性及其背后的算法逻辑本身，是一件值得琢磨的事情。所谓短视频，其核心要义是一则视频要在最短时间内“抓住人”，让人停留在这个内容上，从而增加传播的广度和宽度，进而带来以流量为基础的变现能力。不仅如此，一旦你在某个短视频内容上停留的时间相对长，平台就会不断给你推送类似的视频内容，哪怕你可能只是无意中停留的时间更长而不是出于对内容的喜欢。

我们越来越发现，自己习惯了阅读片段式的公众号短文章，而不习惯从头到尾阅读一本厚厚的书；习惯了刷各种短视频，而不愿意花时间看一部纪录片或者电影；习惯了“某音追剧法”，通过一则三五分钟的剪辑视频就可以了解一集四五十分钟电视剧的剧情。当越来越多的日常生活领域被算法“统治”的时候，我们或许会追问：被算法支配的日常生活有什么不好吗？或许更会有朋友追问：你一个文科生，是不是对算法有什么偏见？难道就不能有“向善”“优化”的算法吗？

其实，一种更普遍的常识性共识是：算法只是一种“技术”手段，它本身无所谓好坏，这就好比核能一样，既可以用来发电造福人类，又可以制造原子弹毁灭地球。这样的说法确实在通常意义上是“正确”的，然而问题在于，算法与核能其实是截然不同乃至无法在这个意义上进行类比的，因为算法已经高强度地渗透我们的日常生活。试想一下，如果我们从小到大接收的信息、习惯的阅读方式乃至我们的饮食习惯和表达方式，都在无形中被算法刻画，那我们就必须认真审视一下算法本身。

在这里，需要加以探讨的是下面这些问题：算法本身是不是只是一种技术，并无好坏之分？人类是不是可以发明一种完全向善的算法，引导人类这个物种迈向更文明、更进步乃至更道德的阶段？

算法当然是技术，这点毫无疑问，但是，如果就此认定算法本身没有善恶、高下、好坏之别，那恐怕就是在“甩锅”了。因为算法毕竟是活生生的人按照各种目的、依据各种取向所“做”出来的，算法背后设计者和制造者的理念乃至价值观念，在某种意义上决定了算法本身的运行方向。其实，第一个问题并不难理解，也没有那么重要。假设所有的算法设计者都是出于向善的目的，也设计出了完全向善的算法，那就一定会引导我们走向更好的明天吗？对这个问题，我的答案是否定的，也是悲观的。

为什么这么说呢？因为人不只是一种社会性动物，也是一种历史性动物。放眼人类这个物种的“成长史”，我们就会发现，人类在不同的历史阶段都有过类似的想法与尝试。在古典时代，人类将“美德向善”与良好秩序的可能性建立在宗教之上，而进入现代后，当宗教高度世俗化，并且完成了“祛魅化”之后，现代人又习惯于将这一愿望建立在以“程序正义”为核心的制度之上。事实上，人类深知人性本身善恶一体的复杂性，因此在很长一段时间里，人类都在设想设计出完美的制度。所谓完美的制度，就是一个人不论本心善恶、道德如何、价值观念怎样，只要身处这个制度之中，就可以变成一个合规与完美的“好人”。简单来说，现代个体长期处在纠结状态中，一方面，自由、平等、独立等价值观念深入每个人的内心，现代人处于高度自信的状态，但同时，现代人高度不相信他人，“总有刁民想害朕”“人心不可测”是一种比较普遍的状态，因此，才需要将秩序问题移交给“去人格化”的制度。在这个意义上，算法及算法所构造的世界，与之前我所讲到的是同构性的逻辑：实际上，我在前文中举的那些例子都只限于日常生活，而算法对整个现代社会的影响远不止于个体生活。近期非常流行的“元宇宙”和“区块链”，其背后也是算法，而其底层逻辑亦是以算法的方式构造一个“去人格化”的秩序。

因此，在通常意义上，“技术中性论”是很容易被我们理解和接受的，只不过，当我们说出这句话的时候，我们既要考虑制造这些技术的“人”，也要考虑这种技术所构造的秩序和世界，究竟有着怎样的本质特征。因为，套用哈贝马斯的“生活世界殖民论”[17]的话，如果有一天我们终将被算法支配和殖民，我们起码要知道这个殖民者究竟是谁，又有什么样的性格与气质。

系统：行为习惯的最大公约数

读到这里，或许大家会很好奇：冷冰冰的算法又不是人，为什么还会有性格与气质？钱穆先生在《中国历代政治得失》这本小册子中谈到制度史研究这一话题时，明确指出，政治制度史研究的最大难题在于，人们很容易理解制度之利害，而很难理解“制度之理念”。[18] 制度也应该是冷冰冰的，衡量制度的标准就应该是“有没有用”，它怎么会有“理念”和“精神”呢？因为所有的制度既是被人设计的，又是由人执行的，更是作用于人的。

接下来，我们来讨论一下算法本身的特质，也认识一下这个未来可能的“殖民者”。作为一个不懂技术的文科生，贸然讨论算法的本质似乎是某种“僭越”。因此，在这部分中，我尝试从“非技术”的角度来展开讨论。

在我看来，至少截至目前，算法的本质是对人行为偏好的最大公约数的捕捉。算法的基础是“数字”，准确地说是“数字化”，或者说是对人的行为进行某种赋值。只有赋值之后，才能进行数据意义上的统计，而对人的行为偏好进行统计之后，在大数据的加持之下，这些赋值也就不只具有数学上的意义，而且具有统计学和经济学上的意义——商业也好、资本也罢——才能从中找到赢利的空间与增长点。

更进一步，现在形形色色的 App 之所以会给我们推送各种同质类型的内容、商品或者资讯，本质上就是因为它们在不断依据所捕捉到的这些数据进行统计，进而计算出大多数人对某一类型内容和商品的偏好，算法也会依据这些统计学意义上的数据进行内容的定点投放，进而实现经济学上的收益。这又有什么问题吗？在我看来，有这样一个核心问题需要讨论：对一个人的行为偏好赋值，就能代表一个人内心的状况吗？比如，一个人在某个短视频内容上做了较长时间的停留，就一定意味着他非常喜欢这个内容吗？如果从更底层的逻辑来看，简单地说就是，一个人的行为一定可以反映他的内心吗？

自文艺复兴和启蒙运动以来，随着自然科学的发展，人类在认识客观世界和认识自身方面有了突飞猛进的发展，与此同时，人类开始尝试按照自然科学的逻辑来对“人”这个物种展开研究。大写的“人”站起来了，人类空前相信自身所具有的理性，在某种程度上，这也是现代性的起点和重要特征。在自然科学的逻辑下，人的行为不再是宗教神义论的体现，也不再是神圣君主权力下的某种约束，而是自身内心文明与道德程度的呈现。埃利亚斯敏锐地发现了这一点，并且以此为起点来“解构”现代政治哲学的神话。[19]在这个意义上，我们每个人在日常生活中的行为，很多时候是有着特定的“场景”和“剧情”的。比如，我在学校上课的时候点汉堡包套餐作为午餐其实并不是因为我喜欢它的味道，而只是因为它最能满足我当时的特定“需求”，即准时、快速、能补充足够的热量；我让一首流行“口水歌”循环播放了几天，并不意味着我热衷于这种音乐类型，只是因为我以前从没听过，所以很好奇，就多听了两天。但是，这些特定场景下发生的行为并不意味着我内心的“热爱”。

由此，我们会看到，“算法”也好，“大数据精准投放”也好，其本质都是对人类行为偏好的最大公约数的捕捉，在捕捉行为频次这一最大公约数的基础上，再依据现代统计学的相关知识，对这些行为的数学结果进行分类和对应。但是，我们的行为体现何种场景，又具有何种意义？这些，至少目前都是数据和算法不予考虑或者无法考量的。马克斯·韦伯在讨论人类的社会行为时，曾专门讨论社会学应当尤其注意人类行为本身的“意义”维度，在他看来，一个人的行为背后的场景乃至意义是需要被“理解”的。[20]然而，算法是解决不了这个问题的，因为至少截至现在，对人类内心世界、价值观念与道德状况的赋值与数据化工作还存在非常多的难点与盲区。也许你会说，这个说法不对，不信就去看看那些心理测评的量表。需要说明的是，我并不否认现代心理学是科学进步的产物，但是我们也必须认识到科学终究只是人类看待世界的诸多方式中的一种。如果仔细看这些量表，与其说量表是在测量人的心理，不如说它们是在通过对个体主观表现出来的行为与态度进行赋值计算，进而测评心理状况，更何况其中存在一个巨大的不确定性，就是个体在这个过程中讲述的准确性与“客观性”。绕了这么大个圈子，举了这么多看上去好像无关的例子，我只是想说明一件事，那就是所谓算法支配问题的本质，是对现代个体日常生活中的各种行为偏好进行的捕捉、赋值与统计，进而依据所得到的数据通过各种媒介载体（包括 App）对个体进行“定点投放”。

更重要的是，如果长时间处于“定点投放”的状态，我们每个人的生活默认值都有可能被重新定义。

殖民：现代个体的集体无意识

德国社会学家哈贝马斯对现代社会有着非常敏锐的观察，提出了“系统对生活世界的殖民”的说法。[21] 实际上，这一说法在一定程度上延续了马克斯·韦伯关于现代世界的“理性化”命题——这些既往的经典社会学思想都从不同角度看到了现代文明的运行趋势——当人的生活世界的正当性和规定性从宗教与政治的神圣性回到纯粹的日常生活和现代个体本身的时候，整个现代社会以各种技术手段，以“进步”的普遍观念，深刻地以“停在表面”的方式重新塑造着人的生活世界，甚至在重新奠定现代生活的默认值，这才是生活世界殖民化的本质。

教育与学习的本来“目的”在于激活人的求知欲与好奇心，进而培育人的德性，现代文明却用一整套围绕“绩点”的激励机制将其变成一场空前“内卷”的竞争，而消耗了身处其中的学习者的热情；科学技术的本来目的是探索未知世界，同时为现代人提供更大的便利、健康与安全，但是其一系列应用于商业的衍生品在无形中既最大限度地满足了人贪婪、追求效率和趋利避害的本性，又重新定义着我们的生活。甚至，如果我们暂时舍弃任何价值评判和情绪观感，只是将“科学”“理性”“现代”作为普通的名词来看待，那么我们会发现这些词语背后充满各种非意图后果，其中最大的非意图后果在于：“现代”通过各种制度、话语、技术不断重新塑造着我们的“默认值”，还制造了一种现代人的“集体无意识”。我们认为，人类社会一定是进步的，一定是一代更比一代好的；经济一定是增长的；技术一定是进步且有利于人类的。这些美好的愿景已经变成了我们的“集体无意识”，毋庸置疑，我们对其习以为常。

回到本章开头的例子，当一个人经常在算法的推送和加持下因为懒得下划页面而时常点汉堡包套餐的时候，当一个人在算法的推荐下重复随机听到“口水歌”的时候，这些会不会成为日常生活的某种“常态”，甚至培养一个人的习惯？当一个人习惯了通过短视频追电视剧，习惯了阅读七八百字的公众号而不愿意阅读长篇的经典名著时，我们的所有日常生活习惯在默默发生着改变，这些变化如此细微，变成了我们生活世界中的日常，以至于我们无法察觉。这或许才是“殖民化”最本真的含义。

本章的内容都属于基于个人认知的“事实判断”而非“价值判断”，换句话说，请大家不要误解，以为我是一个反对现代化、反对算法甚至反对科学的顽固不化的文科生。于我而言，这根本就不是一个“对错”、“善恶”或者“好坏”的问题，因为现代化作为一种人类世界面对的普遍趋势，不是你觉得不好就可以逃避的，特别是当我们已经离不开网络、手机和App的时候。

科学技术的进步与人类对未知世界的探索从未停止，就像100年前我们无法想象算法一样，若干年后，如果脑机接口等人工智能技术彻底“落地”，可能这一章的全部内容都会变成废纸，因为现代人对未知世界的探索已经不满足于停在“行为”表面，而是希望通过更可靠的技术手段真正重新塑造人的性情、伦理乃至观念。更致命的是，到那时候，这种塑造已经是一种直接的物理性塑造。那一刻来临时，或许是新的殖民的开始。

04

全景敞视

我们的生活是如何迈入“楚门的世界”的？

楚门：无所遁形的生活

1998年6月，一部名为《楚门的世界》的电影在美国上映并大获成功。它获得了第71届奥斯卡金像奖最佳原创剧本、最佳导演、最佳男配角等多项提名，此外，该片主演金·凯瑞凭借此片获得了第56届金球奖电影类剧情片最佳男主角奖。到底是一部什么样的电影能够获得如此之多的荣誉？

在我看来，《楚门的世界》不仅是一部构思巧妙、富有深意的电影，更像是40年前的"先知"对现代人命运的某种预言。它讲述了这样一个故事：一家名为奥姆尼康的电视制作公司在30年前收养了一名婴儿，并且刻意培养他，使他成为全球最受欢迎的纪实性肥皂剧《楚门的世界》中的主人公，并一举获得了巨大的成功。或许你会觉得，这不就是真人秀吗？但是，作为真人秀演员的楚门，自己对此却浑然不知。也就是说，楚门一直被蒙在鼓里，他完全不知道自己日常生活世界中的每分每秒几乎都在被上千部摄像机捕捉，而且每时每刻都在被全世界的人"观看"。更过分的是，楚门完全不知道自己身边的妻子、朋友等人其实只是这部剧的演员。

整部电影就是围绕楚门本人的经历，以及他后来毅然决然地离开那个叫作桃花岛的小城（《楚门的世界》的巨大摄影棚），回归真实世界的抉择所展开的叙事。我之所以说这部电影是对现代人命运的某种“预言”，并不是因为现在我们的视频平台上和电视节目中满是综艺真人秀，也不是因为每个现代人都像楚门那样，身处一个弥散着“虚假”的生活世界，而是因为在移动互联网、自媒体和高清摄像头的加持之下，几乎每个现代人都逃无可逃，像楚门那样进入了一个被“凝视”的状态。

一方面，在这样高密度的个人信息留痕与捕捉的状态下，现代个体如果出现了各种问题，比如人身受到伤害，财产被偷盗或者被抢劫，都比之前更容易获得更多的破案线索。同样地，这也需要现代人谨言慎行，不去做“作奸犯科”之事，因为罪犯很难在当今的环境下做到绝对不留痕迹和证据。

另一方面，在这种环境下，人与人之间实际上还处在一种“相互凝视”的状态下。发生矛盾与冲突时，每个人都可以录制视频，不仅如此，聊天记录、录音录像等都已经成为大家随手可得的日常技术工具和手段，它们不仅有可能会在诉诸司法程序时变成呈堂证供，也有可能成为群众热衷的各种“瓜”。

无论如何，现代人正处在前所未有的处境之中：现代社会的最大特质之一就是高密度的异质性陌生人的聚合；同时，现代社会为生活在一个时空中的高密度异质性人群提供了最便利的相互凝视的技术手段。在这样的情况下，福柯在《规训与惩罚》一书中所描述的全景敞视主义以新的形态出现在了 21 世纪，它既令人备感安全，又令人备感危险。它为现代社会的运行提供了新的底层逻辑，也给我们带来了无限的困惑：

我的个人信息会不会被盗用？

我会不会因为一点点小事而遭受网络暴力？

我如何保证私人空间不被冒犯、不被入侵？

我可不可以随意将拍摄的有关“他人”的视频公之于众？

…………

恐惧：无法揣测的人心

从技术角度看，现代文明的肇始来自包括工业革命、第二次工业革命、信息技术革命等在内的多次技术革新，由此出现的人类生产方式、交通运输方式及信息传播方式的巨大变化，更使得“技术”成为高速发展的助推器。而如果从观念与文化的角度来看，现代文明则可以追溯到文艺复兴与启蒙运动——它们让人们意识到，自己既不是神的附庸，也不是君主的附庸，而是独立的历史个体。不仅如此，文艺复兴和启蒙运动还带来了一个影响非常深远的“副产品”，那就是人们越来越相信，技术的进步有助于人类文明的进步，科技昌明是人类社会的福祉。

然而，当手机已经成为人的体外器官，VR技术越来越发达，我们每个人都可以随时随地接收来自世界的信息的时候，现代人却突然开始面对来自灵魂的拷问：技术的进步真的有助于人类文明的进步吗？科技昌明真的是人类社会的福祉吗？

遍布大街小巷的高清摄像头，从逻辑上看确实可以给我们提供更强的安全感。因为从理论上讲，我们每个人的行迹都很难再变得“来无影去无踪”，它们可以最大限度地震慑犯罪分子，也可以最大限度地为我们确定嫌疑人和追捕罪犯提供重要线索，但与此同时，它们也带来了一系列的非意图后果。

我们担心自己的个人信息被泄露并被用于不法用途。现在几乎每个人都会接到形形色色、莫名其妙的骚扰电话。做金融信贷的会说：“您需要贷款吗？”做房产交易的会说：“海边别墅您考虑一下吗？”这些骚扰电话都还算是“友好”且“善意”的，因为还有各种带有恶意的骚扰电话，比如“你是×××吗？我这里是×××地方公安机关，有一个案子跟你相关，还请×××”，这类电话就属于带有严重电信诈骗性质的电话了。当我们接到这种电话的时候，无论它是否善意，我们都会意识到的一个问题是：至少自己的手机号和姓名这两个关键信息，在无意中被泄露了。近年来，涉及隐私泄露的安全事件层出不穷。2018 年 9 月，Facebook（脸书）被曝出因为安全系统漏洞而遭到黑客攻击，导致 3 000 万用户的信息被泄露，其中有 1 400 万用户的敏感信息被黑客获取，这些敏感信息包括姓名、联系方式、搜索记录、登录位置等。此外，根据媒体报道，大数据行业的知名企业数据堂在 8 个月内日均传输公民个人信息 1.3 亿余条，累计传输数据压缩后约 4 000GB（吉字节）左右，公民个人信息达到数百亿条。[22]

如果说以上案例还只是停留在某种“显性”的信息捕捉上，那么随着人脸识别技术的发展和普遍应用，基于人体生物学特征进行的信息采集和捕捉的情况已经越来越多地出现，人们开始担心自己的隐私信息随之会有更大的泄露风险。浙江理工大学的郭兵和清华大学的劳东燕两位法学学者，都针对人脸识别信息的保护提出过建议。劳东燕认为，从法律层面来说，如今对生物识别信息的保护远远不够，而且人脸信息的滥用可能造成大量的信息泄露，产生许多事故和纠纷。[23]

现代人就这样处在一个极端矛盾的状态中：一方面，我们希望高清摄像头越多越好，似乎这样一来，就可以提升每个人生活的安全感；另一方面，我们对个人隐私随时可能被采集、被利用乃至被暴露充满恐惧和担忧。这种充满内在张力的生存状态，实际上普遍存在于每个现代人的生活世界中。面对着带有一点儿“精神分裂”色彩的人的境况，我们一定会想的一个问题是“怎么办”，大多数人会从技术、政策、制度、法律等角度思考应对之策，比如加强包括人的生物性特征等在内的个人信息的保护，加强行业监管，等等。然而，本章无意从上述角度展开讨论“怎么办”的问题，而是尝试去回答“为什么”：为什么现代人会出现这种对“凝视”的依赖与恐惧并存的状况？这种状况到底意味着什么？

我们为什么会期待甚至依赖遍布大街小巷乃至生活角落的摄像头来提升安全感呢？原因很简单——“人心不可测”。现代社会生活最大的特点之一便是高度的流动性，生产的发展、商业的繁盛及交通工具所带来的便利，为快速、持久且大规模的空间流动提供了物理基础，而独立、平等、自由等观念则大范围构成了“我的生活我做主”的观念基础，两者叠加，造成的一个直接后果便是一个时空范围内，人际异质性高度增加了。传统社会总体上是一个“熟人社会”，人们生活、交往的地域范围相对狭窄，同时，在日常生活中，人与人之间的“信任机制”实质上属于伦理范畴：要么是依赖血缘伦理形成的亲亲原则，要么是基于地域空间形成的情谊纽带，要么是基于共同的宗教信仰和教区划分形成的宗教联结。这些构成了传统社会人际信任的社会基础。而上述信任机制的重要共同点就是大多并不依靠“外部性机制”，而更多考验的是被认为“不可测”的“人心”，其基础出发点在于“人之初，性本善”的逻辑预设，也来自同一时空中共同生命历程所建立的经验感。

然而，当现代社会来临后，人们进入具有高度异质性和高度流动性的社会状态，随之而来的是人际交往状况的变化。除了家人，现代人在日常生活中更多需要与高度异质性的陌生人交往，或者分工协作，或者激烈竞争。由于个体之间缺少天然的内在性关联，所以在人际信任层面存在着更强的不确定性，同时也存在着严重的信息不对称性。由此，在现代社会中，人们更加依赖法律、契约等外部性要素来建立或维持关系。英国思想家约翰·洛克的名著《政府论》实质上就是围绕这一问题展开的。洛克指出，在最初人类社会的自然状态下，人与人之间更多依赖某种“自然法”共存，但是自然法并不是明文法，缺少足够的约束力，因此人类很容易从“自然状态”进入残酷的“战争状态”，为了避免或者走出战争状态，人们需要达成契约，并以明文法的方式界定人与人之间的关系，这也是现代政府起源的理论形态。[24]

以上是现代社会运行的基础逻辑，有了这种结构性变化和基础性特征，上文提到的依赖与恐惧共存的状况就更容易理解了。实际上，它们皆来自对“不可测的人心”的考量：一方面，既然趋利避害是人的本能，人性中又天然蕴含着“恶”的部分，那么“总有刁民想害朕”更容易变成现代社会的一种普遍状态，或者说是一种基于自我保全而出现的潜在预设，因此，一个社会充满凝视而透明，至少在行为层面是对危险个体的震慑，也是对社会的一种保护；另一方面，由于“不可测的人心”，如何保证掌握大量个人信息的人和机构不私自挪用这些信息呢？就算个人信息没有被恶意用于推销、诈骗，那在一个借助各种平台和摄像头相互凝视的社会中，个体又如何保证自己的隐私不被偷窥、被泄露？如何能够保证自己的一个举动和行为不被抓拍、被截取进而被断章取义呢？当普普通通的芸芸众生处在相互凝视的状态之中时，整个社会的不信任感会无限叠加。

在现实生活中，无论是人的语言还是行为，都是有具体情境的，是有来龙去脉和前因后果的，但是在相互凝视的状态中，这些情境很容易在有意无意中被虚化或者被省略，留下的只有片段式的“行为”本身。尽管每个人心里都清楚，一个人的行为是无法直接等同于一个人的主观意愿的，但是，大家在作为旁观者而不是当事人的时候，又往往只愿意也只能够按照行为去揣测动机，这是恐惧的另一种人性来源。

因此，恐惧和依赖这种矛盾状态，本质上都来自对他人内心状况（比如道德、信念、价值等）的不信任。也正是在这样的前提下，现代人义无反顾地走在成为“楚门”的路上。

规训：无孔不入的支配

成为“楚门”意味着什么？意味着现代人随时被观看、被捕捉？还是意味着像美国社会学家戈夫曼所讲的那样，每个人的社会生活无非是一场扮演自身社会角色的戏剧？[25]难道这就意味着“人生如戏，全靠演技”？在这里，上述问题都不在我们的讨论范畴之内。一个真正有趣而根本的问题在于，在“人心不可测”和多种“内生性人际纽带”衰退的境况下，由“人”所组成的社会，究竟如何形成秩序？诚然，依靠政府、法律和契约是洛克已经给出的答案，也是现代生活的基本常识，但是，从社会的生命历程来说，现代人是如何走到这一步的？对个体的生命体验而言，现代社会的这种基础构造又意味着什么呢？要回答这个困惑，我们就需要求助于法国思想家米歇尔·福柯。

现场监视官员布东（Bouton）留下了这样的记载：“硫磺点燃了，但火焰微弱，只是轻微地烧伤了手的表皮。刽子手便卷起袖子，拿起专为这次酷刑特制的约一英尺半长的铁钳，先后在右边的小腿和大腿上撕开两处，然后在右臂上撕开两块肉，接着在胸部撕拉。刽子手是一个彪形大汉，但要撕扯下肉块也不容易，因此他在每一处都要撕扯两三次，而且要拧动铁钳。他在每一处撕开大约6磅肉的伤口。

“被铁钳撕扯时，达米安虽然没有咒骂，但却声嘶力竭地嚎叫。他不断地抬起头来，然后看看自己的身体。那个刽子手用一个钢勺从一个锅里舀出滚沸的液体，胡乱地浇注每一个伤口。然后，人们把挽马用的绳索系在犯人身上，再给马套上缰绳，把马分别安排在四肢的方向。”[26]

上面这两段文字出自福柯的名著《规训与惩罚》，它所描述的乃是中世纪的欧洲对待犯人的一种刑罚方式，更重要的是，这种单从文字阅读上就能让人感受到疼痛的酷刑，在当时还是对大众公开的，就如同福柯所说，这是一种“公开的酷刑”。然而，福柯却发现，随着整个社会历史进程的发展，这种公开的酷刑逐渐消失，取而代之的是下述有关罪犯监狱生活的详细规定：

“第 17 条：犯人作息日冬天从早上 6 点开始，夏天从早上 5 点开始。每天劳动 9 小时，学习 2 小时。作息日冬天晚上 9 点结束，夏天晚上 8 点结束。”……“第 20 条：劳动。夏天 5 点 3 刻，冬天 6 点 3 刻，犯人到院子里洗脸洗手，领取第一份面包。随后，他们编成劳动小组开始工作。劳动时间夏天必须从 6 点开始，冬天必须从 7 点开始。”[27]

福柯罗列这些历史资料，描摹历史画面，是因为他要分析的正是这种“变化”背后的社会学意义。一般认为，这种公开酷刑的消失是人类文明程度与道德水准的进步，但是福柯有着另外的观察角度。

在他看来，这样一种变化，其实质乃是“权力”作用机制方面微妙而巨大的变化。在公开酷刑的时代，这些酷刑之所以要足够惨烈，也必须被大众看到，是因为它们可以起震慑人心的作用，让人心生恐惧。然而，随着科学、理性的进步，现代人似乎越来越相信一件事，即权力机关是可以通过对人的科学的规训使得一个人的行为符合社会秩序的要求的，而这种规训，对于普通人来说，主要来自家庭教育、学校教育以及公民教育；对于罪犯来说，则主要通过监狱和现代刑罚体系完成。

在这本书中，福柯描述了这样一种形态的监狱：

> 四周是一个环形建筑，中心是一座瞭望塔。瞭望塔有一圈大窗户，对着环形建筑。环形建筑被分成许多小囚室，每个囚室都贯穿建筑物的横切面。各囚室都有两个窗户，一个对着里面，与塔的窗户相对，另一个对着外面，能使光亮从囚室的一端照到另一端。然后，所需要做的就是在中心瞭望塔安排一名监督者，在每个囚室里关进一个疯人或一个病人、一个罪犯、一个工人、一个学生。通过逆光效果，人们可从瞭望塔与光源恰好相反的角度，观察四周囚室里被囚禁者的小人影。这些囚室就像是许多小笼子、小舞台。在里面，每个演员都是茕茕孑立，各具特色并历历在目。敞视建筑机制在安排空间单位时，使之可以被随

时观看和一眼辨认。[28]

这种监狱被福柯称为“全景敞视主义”，他真正要讨论和揭示的其实并不是监狱本身，而是将其作为一种对现代社会的隐喻。实际上，福柯所描绘的这种监狱的最大特征便是置身其中之人的行为的可见性。无论是建筑结构还是其中每个囚室的光线的设计，抑或是对其中人员的安排机制，都是以“可见性”为要旨的，身处其中的人实质上都变成了行为意义上的“透明人”。于是，无声的、对行为的凝视和由此展开的规训取代了过去痛苦而爆裂的肉体惩罚，构成了现代社会中最重要的惩罚机制。

不仅如此，全景敞视主义的监狱及其刑罚体系除了可见性，还有一个重要的特征，那就是对行为的“调节性”，从某种程度来说，它甚至带有某种“矫正”和“治疗”的特性——正如前文所提到的监狱的明确作息时间表，它实质上是现代人用以规训罪犯的工具。在这一体系中，每个人必须在规定时间按照整个体系的具体要求做出合适而正确的行动，而其中的每一个行动都是可以被监督者观看的。因此，在全景敞视主义监狱背后，实际上是一整套体系，同时，这一体系还有着一系列默认值和前置性假设。

首先，经历了文艺复兴和启蒙运动的现代人相信，一个人的行为本身可以反映他的内心，即他的道德水准、价值观与文明水平。

其次，如果一个人做出了违法犯罪行为，那么这意味着他的内心状况与现代社会对个体的预设和秩序对个体的要求有距离，这种行为也就是所谓的“失范”行为和“越轨”行为。因为现代文明以“理性”和“科学”为自身的标签，而传统社会那种对罪犯的肉身进行暴力惩罚的方式在理性科学面前，自然而然被淘汰了。

最后，现代性对于破坏公共约定与公共秩序的人，一样要以不同程度进行惩戒，但是现代社会的这种惩戒是以“治病救人”为目标的，现代人相信，通过对个体行为的规训可以实现对灵魂的拯救和对人的改造。这便是现代文明照拂下的惩罚体系。

也许你会好奇，福柯所讲的全景敞视主义不是针对监狱而言的吗？最多引申到刑罚体系，怎么能是关于现代社会的隐喻呢？仔细想一想，福柯在《规训与惩罚》一书中所描绘的场景，其底层逻辑恰恰是现代社会的运行机制。

可能将现代社会比喻成这种全景敞视主义多少会令人不适，但现实是我们已经有了比福柯所描述的全景敞视主义更隐秘的、更先进的、更准确的技术做支撑，同时，也有更发达的话语系统和更科学的知识系统做正当性基础。在“行为科学”范畴内的很多学科，其内在带有“规训”的意味，这些学科门类当然都是人类知识进步的体现，但是福柯在《规训与惩罚》中告诉我们：现代社会的本质，是权力的运作。这里的“权力”，并不是通常意义上所讲的政治权力或者有权有势的“权力”，在现代社会中，知识系统本身也会在无形中成为权力的重要构成部分。个体从出生开始，实际上就开启了自身的“规训之旅”。我们从小开始接受各种教育，家庭教育、学校教育、职业教育及“社会”教育，这些教育无论形式如何、时间长短，都是以诉诸内心、塑造心灵、涵养道德为目标的，然而，上述这些目标在现代社会的具体场景下，最终都只能通过一个人的行为是否合规进行判定，一个人的品德是否高尚，道德情操是否得到了陶冶，正常情况下也不能通过“言”而要通过“行”展开判定。甚至，随着知识，特别是关于“人”的知识受到越来越多的重视，人类还尝试在行为观察与内心判定方面设置更多可测量的因果性关联机制。在这个意义上，现代社会中遍布大街小巷的摄像头、掌握在个体手中的手机，都为“相互凝视”的社会状态的形成提供了强大的技术支持。因此，无论我们多么不愿意承认，全景敞视主义作为一种社会状态，都已经成为我们生活世界的基础条件。

流亡：停在表面的世界

全景敞视主义这种社会状态会带来怎样的非意图后果呢？

福柯曾经用“停在表面”来形容现代社会。这四个字从福柯口中说出来，自然带有抽象的哲学意味，但是这四个字是最精准的。所谓停在表面，在我看来，是指现代人以及现代社会，几乎所有的机制都是围绕人的行为这一表面现象来展开和设计的。摄像头捕捉行为、记录行为、判定行为，进而展开司法审判或者大众的道德舆论审判——无论是代表着公共秩序和公共权力的司法体系、治安体系和刑罚体系，还是代表着“私”权力的个人手机终端及各色自媒体平台，在这个过程中，更多是依靠对行为的判定来揣测、推想进而裁定人的动机的。当然，这里面的一个重要差别在于，司法审判在大多数情况下主要依据行为做出判定和裁决，而动机并非其中的主要因素。但是在大众借助互联网所展开的舆论审判中，则更多会出现“坏人”“烂人”“渣男”“渣女”这样的字眼，实质上是围绕内心而非行为来进行的道德审判，也就是我们常说的“杀人诛心”。

现代人总是处在一个矛盾的状态中，很多时候，我们从事实和技术的角度看，只能“停在行为表面”，但是大众又往往不会满足于“停在行为表面”，因此才会出现声势浩大的道德审判。我们无法武断地说究竟是“停在表面”更好，还是“杀人诛心”更佳，我们能讨论的是这两种效果的社会成因及其各自的后果。

停在行为表面，是现代社会的基础规则，这是由现代社会中的技术手段决定的。它被冠以科学、理性、客观，因为只有对行为的描述才是最“客观”的，比如什么时间、什么地点、谁和谁做了什么等，但是对客观行为所蕴含的主观意义、动机、情感等，无法做到完全“客观”的解读，即使是当事人做出的自我陈述，也不一定完全为“真”。因此，现代人只能以行为为中心进行捕捉与裁量，这会造成什么样的结果呢？如果我们每个人都是“楚门”，而且都是知道自己将有可能被捕捉行为、被凝视的“楚门”，那我们会处处小心，言谈举止尽可能得体与合规，以此来展现我们作为现代人的高尚的内心。于是，我们每个人即便不是明星，也都会在无形中建立自己的“人设”，而个体的某个不当行为被看见进而被传播的时候，就是人设崩塌的时刻，也恰恰就是周遭的人拿起“诛心利刃”的时刻。

全景敞视下的现代社会在以技术手段提升全体成员安全感的时候，也因为将每个人置于那些凝视的光线之下，无情地削弱着全体成员的安全感。身为现代人，无论你是否同意，你在事实上都已经迈入了“楚门的世界”。

福柯有一篇很有名的短文，叫作《声名狼藉者的生活》，又译为《无名者的生活》，他在这篇文章中写道：

> 这束光来自另外的地方。这些生命本来想要身处暗夜，而且本来也应该留在那里。将它们从暗夜中解脱出来的正是它们与权力的一次遭遇：毫无疑问，如果没有这次撞击，对他们匆匆逝去的短暂一生，不可能留下片纸只言。权力

埋伏在那里，守候着这些生命，监视着它们，追踪它们，权力也会关注它们的抱怨和小打小闹，哪怕是偶尔；权力的爪牙还会袭击它们，在它们的身上留下权力的烙印。[29]

在信息技术的加持下，通过网络互联的我们，通过自媒体互相窥视的我们，都已经从暗夜中解放出来，暴露在权力之光中。同时，此刻的每个历史个体都掌握着权力的光源。

05

网络暴力

“键盘侠”是如何产生的？

暴戾：现代性的滥觞

2012年，一部由陈凯歌编剧和执导，很多知名演员参演的电影《搜索》正式上映，这部电影在当时似乎并没有获得非常突出的票房成绩，在豆瓣网站获得的评分是7.4，一个中规中矩的分数。然而，这部电影却给我这个电影迷留下了非常深刻的印象。以纯粹个人观察的角度，这部电影在我看过的形形色色的电影中无论是拍摄技法、思想深度还是演员表演，确实都谈不上“顶尖”，相比于陈凯歌导演的成名作《霸王别姬》，这部电影无论从故事的“力度”上还是从思想的“锐度”上都过于“平淡”和“日常”。但是，在我看来，它以一种平实的口吻讲述了几乎每个现代人都会遇到的一种境况：充斥在整个社会大众层面的暴戾之气，以及基于新技术手段和技术架构的网络暴力。

我们不妨先回到这部电影本身。

《搜索》上映时，中国社会虽然已经进入了互联网时代，但是无论从技术架构上看，还是从移动互联网对日常生活的渗透上看，都远不如现在这般彻底。但是这部电影非常超前地呈现了一个现在看来非常普遍的“社会事实”，即人肉搜索与网络暴力。

这部电影以一个平凡的故事作为开头，片中女主角叶蓝秋遭遇了可怕的人肉搜索和铺天盖地的道德谴责。事情的缘起是她在乘坐公交车时，不仅没有主动及时给一位老人让座，反而当老人向她“索要”座位时，语言轻慢，出言不逊，而这样一个发生在日常生活场景中的事件，却被同车的路人用手机拍摄下来，并在互联网上公之于众。于是，目睹这一事件的众多路人的朴素正义感和道德感在互联网上迅速传播，引发了大众舆论铺天盖地的谴责。更严重的是，这样一个日常生活中的道德瑕疵经由互联网这一“情绪放大器”的催化，引发了众人对主人公的人肉搜索，在手持放大镜的网民的共同努力下，故事主人公的情感生活、婚姻状态、职业生涯等几乎全部私生活都被曝光于街头巷尾，成为不明真相的群众茶余饭后的谈资。

不仅如此，这一事件还被当地电视台的王牌栏目《今日事件》敏锐地捕捉到，更使得它变成了全城热议的争议事件。处于舆论旋涡中心的主人公不堪其扰，不仅她自己的身心受到了巨大的摧残，她所供职的公司的企业形象，以及该公司正在进行的重大谈判项目也受到了影响。

然而，就如同现在的“吃瓜群众”经常会发出“瓜保熟吗”之类的戏谑一样，电影中呈现的这个焦点事件也几乎毫无疑问地遇到了反转的情节。实际上，当时出言“调戏”要求让座位的老大爷的叶蓝秋，在踏上公交车之前，刚刚在医院拿到了生命的“死亡判决”——她被确诊为淋巴癌晚期。换言之，她是在这样的情况下上了那辆公交车，呆若木鸡、六神无主地坐到了那个位置上的，也是在这样的情况下“出口伤人”的。

我将这部电影放在本章开头，并不是要对电影中呈现的这个故事的是非对错做出道德与价值评价——按照至高的道德水准要求来讲，一个高尚的人不能因为自己身患绝症就不“尊老敬老”——这部电影一直留在我的脑海中也并不是出于这样的原因。在我看来，这部电影以平实的叙事敏锐地捕捉了现在大范围出现的“社会事实”：类似影片中出现的毫无节制与约束的网络暴力。

当今的互联网世界中，每个人手中的智能手机既是资讯的收集器，也是新闻的发布端。在这样的情况下，拥有智能手机的现代个体，几乎可以随时随地知晓发生在世界上任何一个角落的事情。在这样一个信息爆炸的状态下，一个距离自己十万八千里的、在现实生活中与自己毫不相干的陌生人的故事，一旦被大众捕捉到其中的敏感点，就会变成所谓“热点事件”而进入大众舆论场，甚至有可能经受一场以互联网平台为基础的“大众审判”，就如同《搜索》中的叶蓝秋一样。更重要的是，在这场审判中，整个事件是没有具体情境的，同样，被审判者在很大程度上成了“失语者”。

与诉诸司法审判的犯罪行为和民事纠纷不同的是，在互联网舆论场的道德审判中，很多当事人既无主观动机，可能也无客观事实。因为被捕捉到的事实很多时候都是没有来龙去脉、缺少前因后果的片段，而当大众的情绪普遍上头之后，网络暴力自然就泛滥成灾，互联网暴力的施加者们还获得了一个带有反讽意味的称谓——“键盘侠”。如果说“键盘侠”最初出现还是源于某种对事件本身的朴素道德义愤，那么随着移动互联网的大规模普及，以及短视频、微博、知乎等媒介平台的飞速发展，“键盘侠”与网络暴力已经呈现泛滥的态势。

2022 年 11 月 7 日，一则令人难以置信的新闻在各个平台上传播开来。河南新郑市第三中学的高一历史教师猝死家中，后来这位教师的家人收到了当时正在上网课的学生提供的相关信息：该教师在家中给学生上网课时，遇到了“网课爆破手”的入侵和攻击，大量非课堂人员闯入该教师的网络课堂，在教学平台上播放音乐，在共享屏幕上打字，并多次对该教师进行辱骂。[30]

诚然，上述新闻属于互联网暴力中的极端事件，或许也并不属于网络暴力的主要类型。但是身为将互联网作为自身生活方式的现代人，我们不得不正视的一个问题是：我们每个人都可能成为网络暴力的受害者，也可能在不经意中成为网络暴力的施加者。在这种境况下，无论是法律工作者还是公共政策研究者，都试图通过完善政策法规等方式来解决网络暴力所带来的危害，“互联网不是法外之地”成为大多数理性人的预期。在本章中，我并不想围绕“对策”展开过多讨论，反而想追问下面一系列问题。

网络暴力究竟为什么会泛滥？现代文明的“底座”是个体理性的启蒙与觉醒，从逻辑上讲，互联网技术的进步，不是应该给人的理性提供更广阔的空间和更公开透明的平台吗？不是应该让我们比之前更有条件接近公共事件的真相吗？为什么不仅这些预期没有完全实现，事情还走向了它的反面呢？难道这真的是现代性的滥觞？

“键盘侠”究竟是如何产生的？

失真：去情境的表达

现代社会区别于传统社会的最典型的特征是：它是个功能分化程度非常高的庞大系统。现代社会如同一台精密运转的机器，身处现代社会的个体如同机器中的齿轮与环节，相互依存。然而，互联网时代的到来将现代社会的这种系统性推向了某种极致。因为工业逻辑作为现代社会运转的最底层特征，依然是一种高度实体化的运作，人与人之间的协作也好，竞合也罢，尽管以机器为介质，但总是存在于客观存在的真实物理世界之中；当互联网成为现代社会的技术架构和生活方式之后，人与人之间的社会关联演变成了一种高度依赖符号化介质的虚拟交往。在网络世界中，一方面，人们获取信息和传播信息的速度及强度与以往大不相同；另一方面，现在的信息传播摆脱了过去的信息垄断，每个人理论上都可以通过互联网成为资讯的发布终端与新闻和谣言的制造场域。在这样的情况下，现代个体生活在一个被爆炸式的资讯淹没的舆论世界中，而这些资讯又都是通过语言、文字、视频等符号介质迅速传播的。加之现在的视频清晰度越来越高，网速越来越快，虚拟仿真技术不断实现突破与革新，这些都使得虚拟世界和真实世界之间的边界越来越不清晰，甚至给人一种能以去介质认知取代直接经验的错觉。

在互联网的虚拟世界中，“眼见为实”依然被大多数人相信。但是现代人忘记了一点，就是我们在网络世界中用眼睛“看到”的“真实”，实际上是被符号化的事实的片段。同一个行为放在不同的情境中，会有不同的解释路径；同一个行为用不同的语言符号表达出来，会有完全不同的效果。或许有人还有疑问：按照这个逻辑，岂不是没有“客观”了？

我们不妨先来讨论一下这个“元问题”。究竟何谓客观？在自然科学领域，这个问题相对容易理解，而在人文社会科学研究的视野下，“客观”这两个字很容易让事情变得索然无味。为什么要用“索然无味”来形容呢？当我们说“这件事是客观发生的”时，我们在说什么呢？比如，张三在公交站等公交车，突然，他毫无征兆地朝同在等公交车的李四冲了过去，并对李四进行殴打，这一切都被摄像头拍了下来。所谓对这件事的客观表述，就是对时间、地点、人物、行为进行准确的描述，但是即使我们把这些讲得非常清楚，不添油加醋地如实记录和表达出来，这件事也基本等于没有被表述。为什么呢？因为还有一些未知的问题：张三和李四认不认识？张三为什么殴打李四？两个人是有历史积怨吗，因此仇人相见分外眼红？还是本来是路人，但在等公交车时发生了某些争执，进而上升为肢体冲突？又或是张三和李四素昧平生，也未起冲突，张三对李四单纯是因为反社会人格而进行了无差别殴打？

简单来说，这个行为发生的时间、地点、过程可以是客观的，但是对这个行为发生的来龙去脉、前因后果及主观动机的解释，很多时候只有当事人才真正清楚。那么互联网的各种传播机制对我们弄清这件事有什么帮助呢？我们会发现，互联网的一个重要积极作用是让这件事被公之于众，形成公共讨论，引发大众关注，进而引起相关部门的介入，仅此而已。但互联网的一个消极作用是，每个旁观者在转述这件事，或者将视频内容进行编辑、剪接的过程中，出于各种各样的目的、动机或者潜意识，可能对其进行掐头去尾的剪裁，也可能对其进行添油加醋的转述。但无论是否存在主观动机，这种传播机制本身就是高度“去情境化”的。我们都知道，即便是两个人在真实世界中面对面的互动，也有“言不及义”、“词不达意”乃至“三观不合，不相为言”的种种沟通障碍，以及“不如意事常八九，可与人言无二三”的喟叹。实际上，之所以有这样的喟叹，并不是因为“社恐”是一种现代社会的多发病，本质上是因为人们往往很难理解他人的具体身心处境，很多时候人与人的对话是无法共享语境和意义系统的，而互联网作为技术介质的出现，加剧了这种“去情境化”的状态。

同时，在一个“流量为王”的时代，为了在高度内卷的“资讯竞争”中脱颖而出，获得更大的阅读量，“标题党”、掐头去尾、断章取义成为通行的操作方式。我们经常会在互联网上看到类似的标题：

“娱乐圈曝惊天丑闻！”

“震惊！他竟然是这样的人！”

“塌房！人设崩塌的 ×××”

这种讲述故事和传播资讯的方式在最大限度地吸引眼球的同时，也最大限度地去除了事件发生的具体情境，就如同电影《搜索》中一样，无论是拍摄不让座视频的同车路人，还是在看到视频后占据道德制高点进行肆意批评的“键盘侠”，都对这件事处在一种“去情境化”的理解状态之中。实际上，“己所不欲，勿施于人”不仅是中国典籍中的训诫，也是大多数中国人都能理解与认可的日常。然而，“己所不欲，勿施于人”的前置性条件是人与人之间可以“推己及人”，相应地，亦可以“推人及己”，这也就是我们常说的“将心比心”。因此，如果我们陷入《搜索》中叶蓝秋那样的处境，扪心自问，我们会比叶蓝秋做得更好吗？我们会表现得更得体、更妥帖吗？我并不是说叶蓝秋的做法在道德上是合宜的，但是如果加上“刚刚确诊淋巴癌”这个具体情境，她的行为和反应或许就是可以被理解的，也是可以被宽容的，因为对每个人来说，被宣判医学意义上的“死缓”之后的时间，恐怕都是一种非常状态。

因此，互联网技术的出现、发展及飞速迭代，以及随后一系列衍生品的出现（比如视频网站、社交网络等），客观上实现了麦克卢汉所说的“媒介是人的延伸”的预言。在这个意义上，媒介不只是人的延伸，而且是人在虚拟与真实空间中的“无限”延伸，对个体而言，它将“无限世界”的可能性变成了现实。然而，现代人在享受“无限世界”带来的主宰感和主体性的时候，也要承受它带来的另一种痛苦：当汹涌的资讯扑面而来的时候，每个人都只能在有限的时空中选择性地接收信息，而现代人的一大特征便是主体意识前所未有地觉醒，因此我们在传播信息的时候，也会将主体意识掺杂其中。在这来来回回的过程中，事情本身的时空情境和当事人的身心情境都被“替换”成形形色色的主体意识，因此也形成了一种“去情境化”的表达机制。这种机制越深刻，现代人对事件的理解就越失真，同时成为充斥“丰沛情绪”和“抽象意见”的网络暴力的温床。

叶启政在分析现代社会中的“大众”状态时敏锐地看到，在传统时代，大众本身具有宣泄、纵欲、任性乃至桀骜不驯的特质，而进入现代性的历史状态后，组成大众的现代个体装置了“理性”这台文明的机器，但是这并不意味着“理性”真的可以驯服大众的这些动物性特质，反而会衍生一个奇怪的历史现象：“一旦他们被供奉成为确立权力或者说正当性的来源，同时也成为行动主体来决定整个历史的趋向（如法国大革命的场景）的时候，无疑地，这样的大众是一匹脱了缰的怪兽，几乎无以驾驭，因为人们所能做的，只是根据他们所被认定（或想象）的意象，尽量地讨好他们。”[31]

在这样的状态下，互联网作为技术介质和生活方式的底层基础，为大众提供了一个新的、便利的宣泄空间，而由于互联网本身的无边界特征和信息爆炸特性，更加容易使个体理性不断膨胀，甚至走向非理性的“集体无意识”状态。

正义：短链条的理性

清朝名士钱大昕曾经写了一篇名为《奕喻》的文章，其中有一句话是这样的：“理之所在，各是其所是，各非其所非，世无孔子，谁能定是非之真？”如果将这句话放置在现代的语境中，大意就是：在如今这样一个价值多元的社会状态下，每个人都会坚持认同自己认为对的东西，也都会坚持反对自己认为错的东西。像孔子那样的权威已经不在了，又有谁能确定绝对的对错？

尽管跨越了几百年的历史时空，但钱大昕这句话对现在的互联网世界来说，似乎格外“应景”。你可能会认为，在这种去情境化的状态下，大众很难真正了解全部真相，按照这个逻辑，那是不是世间再无基本的善恶是非界限？如果每个旁观者都因为不能确定自己看到的事情和接收的信息是完全真实的，那岂不是会出现“集体冷漠”？这种集体冷漠会不会对整个社会造成更大的伤害？

当我们按照这个逻辑来思考问题时，我们才真正在触碰现代社会的“真相”。现代性给现代人提供了一个无比拧巴的状态：一方面，以理性为标杆的现代人应具备最基本的善恶是非观，应该如同马克斯·韦伯所讲的那样具备“理智、清明与审慎”；另一方面，不能完全因为“理智、清明与审慎”而变成沉默的大多数。这种两难的状态其实随着现代媒体行业的发展已经摆在了人类面前，只不过，传统媒体的基本形态无外乎广播、电视、报纸、杂志，某种程度上都是单向度的信息生产与信息传播机制。媒体行业的高度专业化特质使得其受众并不广泛，其从业者也只是少数，因此这种信息传播机制依然是一种“信息垄断”。移动互联网时代则彻底打破了这种信息垄断，形成了多中心甚至是分布式的信息发布状态——每个有智能手机的人，理论上都是一个独立的信息发布终端。这样一种技术架构和分布式信息传播状态，又是通过什么样的机制塑造着网络暴力这一非意图后果呢？

在我看来，除了前文提到的“去情境化的表达”，互联网状态下形成的现代个体的“短链条理性”在其中起了重要的作用。

回到理性这个词本身，现代文明的肇始，最远可以追溯到文艺复兴和启蒙运动，正是文艺复兴和启蒙运动实现了将看得见的人从看不见的“神”的概念中解放出来，个体价值、个体意志前所未有地被尊重、被认可；相应地，自然科学的快速发展将人与自然物区分开来，随之出现了专门针对自然物展开研究的学问系统——“科学”。后来，人们发现，科学的逻辑不只可以应用于对自然物的研究，也可以应用于对人的研究，于是，人文社会科学开始在现代学问体系中兴起并占据位置。随着经济发展速度的加快、宗教世俗化程度的加深、教育普及化程度的加强，人们越来越相信个体的理性，也越来越相信基于理性产生的参与社会事务的权利。于是，尽管有着不同文明和历史传统的国家也有着不尽相同的政治制度，但是几乎所有现代国家都将平等、自由与独立作为基本价值。

那么，究竟何谓理性呢？对这个词的解释，可以说是众说纷纭，莫衷一是。如果我们不囿于纯粹的学理定义，那么所谓理性就是一个人经过思考所形成的认知和基于这种认知做出的行动。在经验意义上，绝对的非理性行动更多是基于不假思索的情感、传统或者宗教感召做出的行动。人类具备理性思考能力，或者说将理性作为自身的标杆，这毫无疑问是现代相对于传统的进步，但是，这里存在着内在张力。

理性是现代社会的标识，也是现代人之所以为现代人的价值标尺，理性一词又蕴含着平等与自由这一对根本性内涵：一个人具有理性能力的前提，是不论这个人出身、经济状况、先天条件如何，在法律上都受到平等对待，也都具有接受教育的权利，而一个人充分发挥自己的理性，就是要激活个体的自由意志。然而，现代社会如此纷繁复杂，每个人在面对复杂的社会事实的时候，都无法保证自己完全能按照理性行事，但又会因为现代文明为个体提供的平等与自由的允诺，而将表达自我作为天然正当的权利——个体大概率还会将自己的见解、表达与观点都披上理性的外衣。

此外，正如上文所讲的，在互联网和大众传媒的技术加持下，现代人处于一种信息爆炸的环境中，我们接收的所有信息都是经过某种加工的，而汹涌奔来的各种信息使得每个旁观者根本没有精力也没有能力去仔细甄别真伪，辨别来龙去脉，了解具体情境。在这样的情况下，在诸多结构性条件的耦合作用下，现代人在公共舆论和互联网世界中发挥和彰显的，恰恰是一种“短链条理性”。

所谓短链条理性，用直白通俗的话说，就是现代人在“吃瓜”和参与公众讨论、发表意见时，其实只会基于自身接收的有限信息来做出判断。将这种理性称为“短链条”，就是指信息本身的“片段性”与“散点性”。面对陌生人身上的焦点事件，每个人都不是情境中的人，甚至都没有条件和能力去真实地理解事情发生的情境，在这种情况下，作为旁观者的大众其实陷入了一个很奇怪的处境：一方面，要行使自己手中表达观点的权利和自由；另一方面，很多时候要在一种去情境化的状态中表达观点。那么，表达的依据是什么呢？只能是“行为”，因为人们完全没有办法在去情境化的状态中、在短平快和“标题党”的新闻资讯中准确把握动机。

然而，现代人有着一种“现代性”的本能，就是通过行为去猜测和理解人的动机。就如同德国社会学家埃利亚斯在《文明的进程》一书中提到的，文艺复兴和启蒙运动的一个重要结果就是使现代人相信，一个人的行为是可以反映其内心的文明程度的。我们很难说这种思维链条的建立是错的，但肉眼可见的问题是，这种思维方式并不是“放之四海而皆准”的。因为人的本性本身就是复杂的，既有向善的维度，也有趋恶的可能，因此，就算一个人行为合规，也无法就此断定他道德向善。但是，除了宗教，现代社会又没有发明出更高明的机制来真正取代“神明”，裁断人的内心。现代法律体系也主要是裁定人的行为究竟是否合法，尽管它也考虑动机，但是这种对动机的追问与考量终究是有限度的。因此，福柯才会说，依靠法律运行的现代政治与社会治理，本质上是“停在表面”的政治，这里的“停在表面”其实就是只停在“行为”表面。在这个基础上，我们才能理解罗翔老师的那句名言：“法律是道德的底线。一个人如果经常说自己守法，那他有可能是个人渣。”

在对上面这些现代社会的基础逻辑加以阐释之后，我所说的“短链条理性”也就不难理解了。无论是主观动机还是客观能力，大多数人实际上一直是“不明真相”的，在网络社会中尤其如此，因为爆炸式的信息轰炸、标题党式的阅读理解，以及整体性的去情境化传播机制，都使得大众只能在有限的时空条件下更容易以“短链条理性”来对待事件，即围绕“自己所看到的行为”来对事件加以理解与评判，而不对背后的真实情境展开进一步追问。

群氓：长链条的情绪

短链条理性只是我们理解网络暴力的底层逻辑的一个层面，如果只有短链条理性，大家即便只是按照短链条理性做“阅读理解”，随意揣测并发表观点，乃至形成大众情绪，网络暴力也不会存在。问题在于，在短链条理性之外，现代人还拥有一种短促而绵延、激烈而正义的长链条情绪。

前文提到过，如果在一个社会中，大家没有朴素的正义感，没有基本的善恶是非观，也没有路见不平、仗义执言的勇气，那么这一定不是一个理想的社会状态。但是如果朴素的正义感和基本的善恶观在“大众”和“集体”的加持下，演变成一种肆意奔涌的情绪乃至泛滥成灾，那将是一件令人生畏的事情。互联网社会中的技术特性和人在其中的存在状态，恰恰为这种长链条情绪提供了再合适不过的温床。

人区别于其他物种，一个重要的因素就是会形成自身的社会价值观与秩序，这也是人性中向善的部分，也就是我们通常所说的最基本的同情、怜悯与关爱。因此，当我们在互联网上“吃瓜”的时候，无论这个“瓜”是否保熟，我们都一定会被故事传递出的善恶、对错等价值点敏锐地击中，会不自觉地将自己移情到故事当中，或者从自身的生命历程中捕捉类似的遭遇，或者从单纯正义观念的角度去“共情”当事人的体验。尽管人作为个体，形形色色、千差万别，但是作为物种而存在的人类，在上述方面有着共同性。那些吸引眼球的新闻标题，实际上都在捕捉人类情绪与价值的最大公约数。

以理性、正义为标签的现代人，身处一个高度异质性的社会，每天在生活中接触的大部分人都是来自五湖四海、各行各业的陌生人，现代个体既需要界限感与不被侵犯的个人隐私，又因害怕、孤独、压抑而需要表达正义与实现自由的空间，而互联网的传播机制和特点恰恰提供了这样的空间。互联网上有句话：“造谣一张嘴，辟谣跑断腿。”为什么会有这样的现象呢？在这里，我并不想从个体的善恶角度来讨论问题，而是要讨论一下其中的“机制”。我们会看到，热点应接不暇，甚至大众还没等来上一个热点的剧情反转，下一个撩拨大众情绪公约数的热点已然上线。在这样的情况下，事件本身的内容随时更替，但是被撩拨起来的情绪绵延持续，很快就可以无缝连接下一个焦点事件，形成情绪的“呼叫转移”。而当这些情绪的最大公约数停留在每个单一事件上的时候，它们短促而浓烈，这便是所谓的长链条情绪。于是，建立在互联网社会技术特征这一基础之上的短链条理性和长链条情绪，最容易引发所谓的“网络暴力”。

法国社会心理学家古斯塔夫·勒庞有一本很有名的书，叫《乌合之众：大众心理研究》。这本书被认为是“群体心理学”的代表之作，简言之，勒庞所讨论的问题在于，经历个体启蒙与觉醒的现代个体，在聚合成为各种形式的群体之时，是如何产生某种盲从的乃至非理性的群体情绪的？这种群体情绪的心理机制又是什么样的？书中有这样一句不起眼的话在某种程度上“点”出了本节的核心问题：影响民众想象力的，并不是事实本身，而是它们发生和引起注意的方式。[32]

实际上，比勒庞更早的法国社会学家埃米尔·涂尔干在其名著《宗教生活的基本形式》一书中讨论了类似的主题。涂尔干用“集体欢腾”这个概念来描述个体聚合成群体之后所产生的“溢出”效应。他在分析澳大利亚原住民部落的宗教仪式时敏锐地指出，宗教仪式帮助原住民从纯粹日常与世俗的状态中脱离出来，让他们能够在一种集体欢腾的状态下完成对神圣性的感受。[33]

尽管现代社会与涂尔干所分析的原住民部落看上去有着天壤之别，但是集体欢腾的状态，以及通过集体欢腾实现的对神圣性的感受，又何尝不是现在网络世界的真实映射呢？在短链条理性与长链条情绪共同作用下的人们，或许也在体会另一种自以为的“神圣”与“正义”。

第二部分

悬浮的生活

06

颜值正义

容貌焦虑背后为什么是多数人的暴政?

容颜：个体的生物学符号

沉鱼落雁之容，闭月羞花之貌。

回眸一笑百媚生，六宫粉黛无颜色。

北方有佳人，绝世而独立。一顾倾人城，再顾倾人国。

宗之潇洒美少年，举觞白眼望青天，皎如玉树临风前。

夭夭桃李花，灼灼有辉光。悦怿若九春，磬折似秋霜。

陌上人如玉，公子世无双。

上面这些诗句，都是用来形容俊男美女并流传甚广的“金句”，这充分说明了一件事，那就是人类对美的执着追求是不分古今的。不仅如此，对美的追求还是“无问西东”的——在西方的童话故事、神话传说乃至历史进程中，亦有着无数对美貌的追求和颂扬，比如著名的维纳斯就是罗马神话中“美的女神”。再比如，著名的特洛伊战争就是以争夺当时世界上最漂亮的女人海伦为起因的。以阿伽门农、墨涅拉奥斯为首的古希腊联军进攻以普里阿摩斯为国王的特洛伊城，尽管这个故事很容易被解读为“红颜祸水”，但依然无法否认“美貌”对人类生活世界的重要性。正所谓“爱美之心，人皆有之”，爱美几乎是跨越族群和文化、穿透历史与文明的人类共通性本能。

在现代个体看来，对自身美的追求不仅源于某种自然与生物性本能，更是现代社会中平等与自由价值的彰显。每个人都有打扮自己的权利，也都有按照自己的意愿向社会展现自己容貌的权利。然而，在复杂的现代社会系统之下，个体对美的追求却衍生了两个“诡异”的现象，即“容貌焦虑”与“审美趋同”，与之相随的是围绕美的标准与本质的论争与迷思。

所谓容貌焦虑，简单来说，就是现代人普遍由于对自身容貌存在的天然“缺憾”或者对“更完美”面容的追求而产生的焦虑。在我有限的印象中，较早产生容貌焦虑的是童话《白雪公主》中那个恶毒的皇后——她每天都要对着魔镜发出“谁是这个世界上最美丽的人”这样的问题，足见其内心无以复加的焦虑感。在传统社会，容貌焦虑的体现其实并不明显，因为你再焦虑也无从改变。

然而，容貌本来属于“命不在我”的范畴，在现代社会中却演变成了“我命由我不由天”——个体可以通过化妆、保养、健身、医疗美容等技术手段来使自己变得“好看”。与之对应的是，现代社会中弥散着一种围绕容貌问题而产生的普遍焦虑感，这种焦虑感并没有因为技术的发展和观念的更迭而得到缓解，反而越来越成为现代人纠结、烦躁、自卑与社恐的重要来由。在过去，一个人对自己的长相再不满意，也基本只能接受，但当我们现在有了如此多的可以通过后天实践来改变“天赋”容貌的手段时，这种焦虑感反而被激发，甚至被进一步放大了。

于是，到底要不要“整”？去哪里“整”？“整”成什么样才算好看？这一系列问题成为容貌焦虑下的普遍问题；美妆博主开始兴起，以“美体塑形”为主要内容之一的健身行业大行其道，医疗美容更是在这种情况下迎来了行业的春天。不仅如此，现在的很多男性也开始注重自己的外表，从过去以健身为主转变到了健身与美妆兼顾，这种趋势甚至在社会上引发了关于“男性气概”的讨论。我们不妨先看一看相关数据。

根据某研究机构发布的《医美行业研究报告》，全球医疗美容服务市场的总收益由 2016 年的 1 149 亿美元增至 2020 年的 1 375 亿美元，复合年增长率为 4.6%。手术类医疗美容占整体市场的大头，占比为 81%，非手术类占比为 19%。具体到中国，2019 年，中国美容市场规模达到 1 769 亿元，增长率为 22.2%，而相较于全球医疗美容服务市场，中国市场中超过 40% 的医疗美容服务为非手术。此外，从绝对数据来看，医美行业最主要的消费群体依然是女性，截至 2020 年，中国医美用户中女性占比为 89%，是主力消费人群。但是，这并不意味着男性是这一行业的“绝缘体”：2020 年，中国近两成男性白领每月在医美护肤方面的消费达 1 131 元，与女性的 1 197 元基本持平。更有意思的一个数据是：“植发”在中国男性医美中日渐成为重要项目，近年来呈现“爆发式”增长态势，其中 95 后植发需求同比增长 44.2%。[34]

实际上，上述医美行业的相关数据，在我看来只是对“颜值经济”和“容貌焦虑”这两个关键词的狭义理解，因为个体容貌的“美”，除了五官与发量，至少还包括身形体态与衣着造型。如果将这两项涉及的相关行业也考虑在内，我们就会发现，人类在自己的外表上真是下了颇大的一番功夫，也确实带动了大量上下游行业的发展和就业。可以说，在追求美的个体自由之路上，大众正在展开一场竞相追逐的比赛，这种无形的比赛既是容貌焦虑的表征，也是容貌焦虑的内因。

不过，与之相伴的另一个现象是，大众审美呈现越发“趋同”的态势：“网红脸”越来越成为“标配”，什么样的眼睛、下巴、鼻子，现在似乎都有了一套标准。V 形脸、高鼻梁、大开眼角等在形形色色的视频平台上被网红迅速传播的形象很快变成了被大众接受乃至认可的符号，以至于现在的“网红脸”带有一定的讽刺意味。不仅如此，在最能体现大众审美取向的娱乐行业，男性流量明星的长相、身材乃至穿搭也越来越具有某种一致性。回想一下，20 世纪 90 年代和 21 世纪前十年，那些流行在电视荧幕上的“俊男靓女”各有特点，单就容貌而言，每个人都具有极强的辨识度。短短 20 年之后，上述变化似乎在不断向我们展示着这样一个社会事实：大众在审美角度上的想象力似乎越来越贫乏了。

以上现象蕴含着一系列有意思的问题：外貌与容颜对现代

人来说究竟意味着什么？人类为什么会围绕这些产生“焦虑”？现代社会中为什么会出现对于容貌审美的趋同化？这种趋同化意味着什么？

比上述问题更具底层逻辑色彩的问题是：容貌“美”这件事，究竟有没有客观标准？这是一件纯粹个体化的事情吗？

人是群居性动物，也是具有主观意志的高级动物，人类有其他物种不具备的观念、认知、价值，而这些又都会通过人的语言、文字表达出来。因此，各种各样的“符号”充斥人类社会，在美国社会学家戈夫曼看来，人类社会中的一切社会关系、人际互动乃至社会秩序的生成，都是以这些符号为介质的，所谓人类的社会生活，实质是一部披上了各种“外衣”的戏剧，每个人都要扮演自己所需要的社会角色。[35] 从这样的视角来看，除了语言、文字，“脸”实际上也是人的一个重要符号，只不过这种符号从自然角度来看，属于生物学符号的范畴。日常生活中，我们经常会有“看到这个人的第一眼我就……”“一见钟情”之类的说法，这也说明了容貌在日常社交中的重要性。互联网上有一句流行语，叫作“始于颜值，终于人品”，同样强调了容貌的重要性。

实际上，无论是医疗美容还是美妆博主，其兴起都在向社会大众传递着重要的信号：作为个体生物学符号的“脸”因在社交生活、职场生活中带给他人的观感和印象，变得日益重要。

医美：容貌的标准化生产

在日常生活中，当我们调侃一个人的容貌或者对其进行“人身攻击”式评价时，我们有时会说这样一句话：“这个人长得有点儿抽象。”什么是“长得抽象”？简单来说，就是一个人长得无法用一般的语言进行具体描述。这当然是一句会冒犯他人的“恶语”，因为在人类很长一段时间的认知中，一个人无法决定自己的容貌，它是上天赐予的给定物。当然，随着科学的进步，人类认识到自己的容貌与生物学意义上的父母的遗传基因有关。但即便如此，容貌也被认为是很难被后天改变的。甚至在某些具体的文明情境下，一个人的容貌基于血缘家族的缘故，还具有某种神圣性，所谓“身体发肤，受之父母”便带有此类内涵。

但是，这种情况在人类进入现代社会之后发生了翻天覆地的变化。这当然是由于医学的进步，整容作为行业开始出现，并且获得了自身的合法地位，这也就是我们现在所熟悉的医美行业，它甚至演变成了一条可以带动消费、提供就业的全产业链——其中包括医美器械、专业的医美从业者、消费者等环节。不仅如此，现代社会的重要特质便是社会分工程度的不断分化，在医美行业中，也分化出了完全不同的细分“赛道”。然而，以上要素在我看来都还只是来自技术与经济层面的“表层”动力。

还需要注意的是，现代文明的奠基，从观念形态上看，有三个重要的关键词：平等、自由与独立。具体到有关现代人容貌的讨论，平等在这三个关键词中又有着最重要的位置——现代性的重要内在张力在于它规定了人与人之间的平等地位，而在现实中，这种平等地位很难绝对实现，或者说经常被打破。一个人无法决定自己的容貌，无法决定自己的肤色，无法决定自己的父母，无法决定自己的基因，无法决定自己的原生家庭环境，这些都是现代社会中无法解决乃至根深蒂固的不平等。于是，现代文明在这里给“平等”加上了一个限定词，即权利。简单来说，尽管现代个体在自己的生命历程中有着太多不平等的“先赋性因素”，但是现代个体的身份地位是平等的，这意味着每个人在法律面前都是平等的，也都具有接受教育的权利。这种平等实质上是一种“机会平等”，来最大限度保证个体的生存底线。因此，每个人都可以通过发奋读书改变自己的命运，也都可以通过医疗美容改造自己的容颜。这不仅是平等的权利，如何“整”、“整”成什么样也都是个体的自由，而是否“整”、“整”完之后效果如何，都是现代人独立做出的选择，自己也需要为之负责。

曾经有新闻报道，在很多韩国家庭中，家长会将“整容”作为送给子女的礼物。韩国的人均整容量排在世界第一，甚至达到了“每 10 个韩国人里就有 4 个整过容”。[36] 在当今的中国，“身体发肤，受之父母”已经作为一种老旧观念成为历史，整容这件事也不像过去那样备受争议，越来越多的人开始通过这种方式改变自己的容颜。由于我们的近邻韩国的医美行业非常发达，甚至一度有很多国人将韩国作为自己整容的首选地。然而，近年来，随着互联网的飞速发展，一些值得玩味的新现象开始出现，各种短视频网站上出现了高度趋同的“网红脸”，甚至出现了极端的“蛇精脸”，而整个社会对男性的审美也有了趋同的态势，甚至连发型也出现了“标准款”。从理论上讲，改变自己的容貌是个体自由与平等权利的题中之义，每个人完全可以按照自身的自由意志完成自我重塑，那为什么还会出现这种审美趋同的现象呢？在我看来，这里面的原因是多重耦合的结果。

如果要求我只用一个词来概括现代社会特质，我一定会选择“标准化”。现代文明的基础逻辑是工业，工业的进步和技术的发展史无前例地提升了人类的生产能力，人类由此有了大量的单纯用于交易的产品，这才带来了商业文明的昌盛，以及城市的繁荣。那么，工业点石成金的能力究竟从何而来呢？那就是它的批量生产能力，而批量生产能力的前提是标准化，其溢出效果是超强的可复制性。工业的奥秘就在于工厂中的流水线，流水线上的所有环节都是环环相扣、上下连接、彼此匹配的，同时流水线上的每个流程都有着明确的合格标准，而处于生产线上的每个工人的操作动作是高度重复的，在相应的标准上也是高度统一的。由于工业文明这一标准化特质具有极强的可复制性和极大的生产效能，因此它开始向工业领域之外繁殖与扩张。现代人经常问的问题是：这个东西的标准是什么？比如，评价一所学校的标准是什么？是成绩、就业率还是其他？评价一个人是不是完美伴侣的标准又是什么？当我们称赞一个人“五官标致”的时候，这究竟是一种主观评价还是一种客观标准？人的脸可以有标准吗？

在知乎上，有一篇名为《面部五官的美学标准》的文章，其中有这样的表述：“世界各国均认为，‘瓜子脸、鹅蛋脸’是最美的脸形，从标准脸形的美学标准看，面部长度与宽度的比例为 1.618∶1，这也符合黄金分割比例。我国用‘三庭’‘五眼’作为五官与脸形相配的美学标准。”这篇文章还列出了更具体的“五官美标准”：（1）眼睛美：双眼对称，眼窝深浅适中。（2）鼻子美：鼻根与双眼皮位置等高。（3）耳廓美：双耳对称，大小及形态相同。（4）口唇美：上唇下 1/3 部微向前翘。（5）牙齿美：静止状态时上前牙覆盖下前牙形 1/3。正中上前牙与面形相同，牙齿整齐，洁白。微笑时露出双侧尖牙。[37]

这篇文章所写的是不是标准答案，我无从知晓，也无意评判，但是，类似这样致力于给容貌找到标准化界定的努力及努力的方向，实质上是工业的标准化逻辑。自进入现代以来，人类几乎在各个领域都试图找出客观的因果律，以标准化、数字化的方式来呈现这种因果律，并将其作为指导人类社会生活的科学法则。

同时，当医疗美容成为一个有着巨大经济动能的行业的时候，其自身也会基于经济规律出现标准化的内在驱动。无论是在技术流程上还是在技术标准及技术“效果”上，都需要以标准化的方式吸引用户，由此，如何为客户“描述”一个自己可以预见的并构成足够吸引力的“整容后效果”，再没有比标准化模板和可以代表标准化模板的具象样貌更具说服力的东西了。因此才会出现前文所讲的“三庭五眼”的标准化表达，也才会出现“杏仁眼、尖鼻子、瓜子脸”的模板化面容。

与此同时，大众媒介的发达与流量经济的繁荣，大大加剧了“明星脸”和“网红脸”的传播效应，甚至使其成为消费社会中的一种“标识”与“符号”，深深印刻在人的脑海中。在各种短视频网站上受到广泛关注、享有巨大流量的“俊男靓女”，以符号化的方式前所未有地统一着人对美的认知。

美国当代社会学家乔治·里茨尔有一本很有名的书，叫《社会的麦当劳化》，他将现代社会的运行机制比作麦当劳，因为麦当劳的基本特质就是制作流程和产品的高度标准化，世界各地的麦当劳餐厅都遵守着同一标准。在里茨尔看来，整个现代社会的运行及发展趋势，都是各行各业出现了麦当劳化的状态。[38]从这个角度而言，似乎连原本高度主观的“审美”与“容貌”也在劫难逃。

审美：隐秘的多数人暴政

如果说“网红脸”“蛇精脸”“奶油小生”的走红及其背后呈现的“审美趋同”在当下的社会环境有其内在的资本与传播逻辑，那么接下来我将要讨论一个更具本源性的问题：关于容貌的审美，到底应该是多元化的还是一元化的？

在日常生活中，我们经常会遇到下面这样的对话。

“你这是要出去见谁啊，这么精心地化妆打扮？”

“谁也不见啊，我自己美美的、开心、有自信，不可以吗？”

这些对话其实是在对一个问题发起追问：“美”以及随之而来的“审美”，到底是如何界定与认知的？换言之，当我们说“我很美”或者“我很帅”的时候，这个表达背后究竟是个体的自我认知，还是社会大众的普遍认知呢？

就现代个体的处境而言，很多人会认为“美”这件事只关乎自己，一个人哪怕在大多数人眼中外表普通、身材臃肿甚至容貌丑陋，都依然可以自信地认为自己“绝美”。因为在一个价值多元而又高度崇尚个体价值的社会中，个体的自我认知无论是在理论上还是在价值上都处于超越他者的优越位置。然而，无论个人如何认知自我，他都无法真正在现实生活中脱离“社会”这个庞然大物，在审美层面依然如是。甚至，审美在某种程度上是最能体现“社会”存在的场域。为什么这么说呢？这样说是在否认现代价值吗？

我们不妨设想一下，这个世界上只有你一个人，那么还有美与丑的分别吗？这当然是个极端的例子，也是一个不可能出现的例子，但是我们如果打开脑洞，让自己沉浸在这个状态中冷静思考一下，就会发现，不要说美与丑，当世界上只有一个人的时候，连高与矮、胖与瘦这样的差别都无法裁断，因为当无法比较的时候，就无法鉴别，当无法鉴别的时候，我们也就无法以具象化的方式给出这些词语的定义。

美国社会学家查尔斯·霍顿·库利在《人类本性与社会秩序》这本书中有一个著名的理论，即“镜中我”理论。他这样写道：

> 我们在镜中看我们的脸、身材和衣服，因为我们的兴趣在于这些形象是属于我们的。我们根据这些形象是否符合我们的愿望而产生满意或不满意的心情。同样，我们在想象中得知别人对我们的外表、风度、目的、行动、性格、朋友等的想法，并受这些想法的影响。[39]

我国著名社会学家费孝通先生将略显抽象的“镜中我”理论表达为“我看人看我”[40]这五个字。仔细想来，不只是容貌的美与丑、身材的胖与瘦，即便是对自己性格的认知等，也都可以用这五个字来概括。在真实的生活中，我们对自己的认知恰恰来自由他者构成的广义上的大众。在这个意义上，社会既是我们的参照系，也是我们形成自我认知的重要源头。社会是由具体的个人组成的，但是社会一旦组成，便会产生超越个体性的力量，这种力量会以各种方式、从各个领域渗透人的肉身，而围绕容貌产生的一系列认知，便是其具体体现。

我们经常挂在嘴边的“潮流”“时尚”这些词语，经常是与人的容貌相关的。“你这副妆容好时尚。”“你的这个造型真潮。”我们在使用这些说法时，有没有想过什么是“时尚”和“潮流”？其实它们并没有那么难以理解。所谓时尚，就是指在一段时间内大多数人的“风尚”，“潮流”一词亦可作如是观。那么什么是“风尚”与“流行”呢？说白了，无非就是某段时间内大多数人的倾向、崇尚与选择。那么，大多数人的倾向与选择究竟是被少数人塑造的，还是大多数人的“自主”选择所形成的共识呢？在我看来，这样的提问方式无异于“是鸡生蛋还是蛋生鸡”这类死循环问题。但我们需要知道的是，资本的敏锐嗅觉与发达的大众传媒，都在时尚与潮流的形成中发挥着不可取代的作用。

我们拨开那些混杂的术语和抽象的思维方式之后，再仔细思考审美究竟是一元化的还是多元化的，对容貌的认知究竟是应该“听自己的”还是“听别人的”这类问题，就会发现，在很大程度上，这是伪问题，因为这两个问题背后的底层逻辑是：

现代社会中的容貌以及由此而来的颜值正义和容貌焦虑问题，本质上是一场“多数的暴政”。

“多数的暴政”这个概念来自法国社会学家托克维尔，他在《论美国的民主》一书中，对美国社会的民主形式进行了充分的社会学观察。他发现，这种建立在拥有并不断主张着个体权利的大众基础上的民主社会，也有一种潜在的危险，即“多数=正义”。在“平等”这个抽象标识下，现代个体获得了形式上的对等，同时现代个体也高度原子化了。现代文明的潜台词是：所有个体都是经历了启蒙，有着自身理性思考和审慎态度的人，因此每个人应该独立行使手中的平等权利。然而，现代文明却在有意无意间将“应然”当作“实然”，因为在现实中根本无法保证每个人的选择是理性而审慎的。这就是托克维尔所说的“多数的暴政”。所以，在这本书中，他写道：“假使有一天自由在美国毁灭，那也一定是多数的无限权威所使然，因为这种权威将会使少数忍无可忍，逼得少数诉诸武力。”[41]

实质上，当今在资本与媒介加持下的容貌模板与审美潮流的塑造，本质上也是一种颜值领域的“多数的暴政”。更有意思的是，在现代社会中，“主流”与“非主流”会如同液体般随时转换。比如，在过去，“维秘超模”的形象是非常固定的，精致的容颜、高挑的身材是美的标配，但是近几年来，大众当中出现了一种新的审美浪潮，很多人认为以维秘超模为代表的这种固化的审美一方面会在有意无意中冒犯一部分审美观念与之不同或更为开放的人，另一方面是对在先天条件上无法达到这种“标配”的人的一种伤害与不尊重，也是对有其他肤色与体态的人的侵犯。因此，近几年开始出现各种各样的维秘超模，大码、微胖等词也开始频频出现，并且深入人心。我们不妨设想一下，按照这个趋势发展下去，谁又能保证“以胖为美”不会成为“主流”和“多数”？别忘了唐朝的中国风尚。

因此，围绕“颜值正义”和“容貌焦虑”等关键词产生的一系列问题，在我看来，其本质并不在于应不应该有统一标准，以及要不要趋同，而是我们需要弄清楚，从个体与社会之间的关系来看，大众关于容貌审美的认知状态是如何产生的？其具体产生的社会机制又是怎样的？它不过是诸多因素加持下的一场“多数的暴政”而已，只不过这种暴政既不流血也不暴烈，而是以“润物细无声”的方式融入个体的骨血。

气质：人类的社会学表征

上文所讨论的容貌问题，更多集中在个体对五官与身材的审美认知上，然而，无论是身材还是五官，都无法构成我们对一个人的认知与直观印象。在中国文化传统中，“气质”才是经常用来形容和描摹一个人的词语。

中国古人说“腹有诗书气自华”，孟子在《孟子·公孙丑上》中说：“我善养吾浩然之气。”“气宇轩昂”“温润如玉”也都被用来形容一个人的气质。那么究竟什么是气质呢？如果说以五官为基础的容貌是人的生物学符号，那么气质则是人类的社会学表达。

一个人的气质是帅气还是痞气，是文气还是流气，并不取决于一个人的五官，因为一个小眼睛的人既可以“目光如炬”，也可以“贼眉鼠眼”。所以其中的差别根本不在于五官的大小与位置，甚至也不在于它们的排列组合方式，而在于一个人自身所具有的“气质”。这种气质，是多结构要素在生命历程中耦合的结果。仔细想想，一个人从小到大经历过的事、生活过的地方、读过的书、走过的路和爱过的人，都在岁月的年轮中刻画着他的“样子”，这个样子会毫不留情且悄然无声地被镌刻在他的脸上，形成他独特的气质。在这个意义上，气质是高度个体化的，甚至无法完全趋同的，因为每个人有着完全不同的生命历程。但气质也是高度社会性的，因为它实质上是一个人“社会化过程中”的全要素累加。

气质不只有个人属性，还带有群体性色彩。俗语中所说的“一方水土养一方人”，就是在说共同生活在同样的习俗传统和同一个地域空间中的人群具有某些共通性要素。马克斯·韦伯的名著《新教伦理与资本主义精神》呈现的就是经历了基督教改革的新教徒，有了某种集体性伦理人格——韦伯所用的词是

“ethos”，翻译成中文就是“精神气质”。

李泽厚在《美的历程》的结尾这样写道：“美作为感性与理性，形式与内容，真与善，合规律性与合目的性的统一，与人性一样，是人类历史的伟大成果。”[42] 当人类进入现代社会后，我们的审美能力、审美取向乃至“客观”的审美标准开始受到挑战，从过去的自然属性变成了标准属性的时候，我们应该考虑和追问的或许并不是“美到底应不应该有标准”这样的问题，而是除了容貌、打扮、身材，作为现代社会的个体，我们应该以及可以养成什么样的“气”。

07

抢人大战

人与“人才”，哪个优先级更高?

魔幻：不明觉厉的抢人大战

2018 年 2 月，互联网上流传着一则新闻——海南省三亚市街头“惊现”哈尔滨市公安局驻三亚警务站，而且各种刊载此新闻的报道中都配有热心网友的现场实拍图。这一新闻引发了大家的热议。

“整个三亚都是东北人”“东北人占领三亚”“东北话是三亚方言”，各式各样的评论充斥互联网。这些来自网络的调侃本身并没有什么特别值得讨论的地方，然而这一略显新奇的“新闻”背后所折射出的近十年来中国社会大规模的跨地域人口流动现象却是值得认真审视的问题。不知道是在什么时候，中国各省每年人口的净流入、净流出、净增长等数据和指标成为社会各界普遍关注的热点议题。每个人口净流入和人口出生率出现增长的城市和省份，似乎都对自己的未来发展更有自信，而每个人口净流出出现增长和人口出生率出现下降的地区，则充满焦虑，似乎经济衰退、百业凋敝的乌云就笼罩在这些地区上空。

而在所有有着人口焦虑的省份和地区中，东北地区最为突出。实际上，从“哈尔滨市公安局驻三亚警务站”这则略带喜感的新闻，我们就可以窥见，整个东北地区近年来的人口迁出现象非常严重。第七次全国人口普查数据显示，整个东北三省人口在这次人口普查之前的十年间减少了1 101万人，这相当于哈尔滨的总人口。其中，黑龙江省减少了646万人，是东北三省中人口流失量最大的省份。然而，在人口出生率近年来持续走低的情况下，很多地方，特别是长江以北的地区都出现了类似的情况，甚至有媒体将这一现象称为“东北化”。与之相应地，近年来，各地不断出台各式各样的政策，以吸引人才到当地落户、定居。例如，天津市于2018年5月16日正式公布“海河英才”计划，大幅降低人才落户门槛，尝试以相较北京更低的房价和较高的教育质量来促进城市经济发展。如果说华北地区各省出台相应的人才政策是基于现实经济增速放缓和人口流失加速的多重焦虑，那么经济相对发达的长三角地区也加大了各种人才的引进力度，就不那么容易理解了。例如，许多明星都通过上海的人才引进政策落户上海，在一段时间内引发了大众的热议。不仅如此，中西部地区的很多地方，例如成都、重庆、长沙等地都加大了人才引进力度，甚至很多县级市都大力引进博士研究生人才。一时间，一场轰轰烈烈的“抢人大战”在全国各地展开。

从整体上看，这场“抢人大战”固然属于政策层面的宏观问题，但是它实实在在地影响着普通人的日常生活。无论是即将毕业走上职场的大学生，还是已经“内卷”多年的“工具人”，都会遇到一个难以选择的问题：究竟是去一个有着优厚人才政策的三、四线城市工作生活，还是继续留在北上广深这样看上去有着更多机会的大城市拼命“内卷”？其实，很多时候，在抢人大战的背景下，人们所面对的难题中的选项远远不止“一线大城市”和“三、四线小城市”两个选项，中间还有例如“新一线城市”“二线城市”等诸多选择。面对轰轰烈烈的抢人大战和五花八门的人才引进政策，很多人举棋不定，往复徘徊，因为毕竟选择一个城市工作和生活并不像选择可口可乐还是百事可乐那么容易。那么，究竟为什么要“抢人”呢？要想弄清楚这个问题的实质，我们先要回答一个前置性问题，那就是：当前中国社会中出现的以城市和区域为单位的“抢人大战”，究竟在“抢”什么？

现实：万流归宗的概率竞争

在地方城市间的抢人大战中，各种优惠政策让人眼花缭乱，很多地方甚至会派出由地方官员组成的豪华阵容去各大高校所在的城市进行宣讲。那么，抢人大战究竟在抢什么呢？与之对应的问题是：当一个人处于选择和被选择的情况下，他选择的或者等待他的，又是什么呢？

从表面上看，这似乎是一个有着显而易见的答案的问题——抢人，抢的不就是“人才”吗？各个城市和地区都要发展，每个城市又有自身的特点和产业类型，因此就会寻找甚至争抢相应的高层次人才。这样的回答只能说是最正确但也是最表面的答案。因为一个更关键的问题在于：究竟什么是“人才”？如何判定“人才”呢？

在这里，我并不想对“人才”做出某种规范的定义，无论是在公共管理领域，还是在人力资源管理领域，这两个字早已经被定义了无数次，并且被写在了相应的教科书里。实际上，在现实的社会状况下，与其说人才是“有真才实学和专业技能的人”，还不如说这是一套“客观”的标准和指标，而所谓“人才政策”，其实质就是先制定一套地方需要的“人”的标准与指标，比如学历究竟是本科、硕士还是博士，毕业院校是不是211、985或者“双一流”，所学专业是什么。不仅如此，这个标准与指标体系还包括性别、年龄、在校期间所获的各种奖项、参加过的各种实习与社会实践、工作经历等。总而言之，一个活生生的有着自己的价值观、世界观、习惯、性情倾向及精神气质的具体的人，在“人才”两个字的内涵中就变成了一系列指标。各地在招揽人才和出台人才政策的时候，固然会考虑自身的经济社会特点、行业特征与区域地理特征，也会制定不同的人才标准和政策，但是将“人”转化为一个看上去明确、精准、可比较、可操作的指标体系这一底层逻辑是高度一致的。无论是“抢人”的一方还是“被抢”的一方，都高度相信标准与指标体系，因为人才政策不仅是人才政策，还关乎整个招聘环节的公平与透明，而作为一种带有选拔性色彩的机制，这一指标体系的可比较性是它可以被执行的重要条件，因此，只有数据化的标准和指标才可以拿来做比较——在从“人”变成“人才”的过程中，个体先要完成自我的“数据化”，只有这样，自己才具备能与他人做比较的特质，才有可能加入“被抢者”的行列。

或许你会说，这样有什么问题吗？无论是理论上还是现实上，无论在中国还是在西方，现实中都是这样做的，而且，将人具有的能力指标化和数据化，并进行挖掘、测评、培训乃至管理，催生了一个重要的专业，叫作“人力资源管理”。我想讨论的是：这种将人指标化为人才的底层逻辑，其本质是什么？

如果对这个问题展开“元问题”意义上的思考，我们就会发现，抢人大战的一个重要实质是“抢概率”，它本质上是一场围绕概率展开的竞赛与竞争。为什么这么说呢？成为大学教师后，我和几个来自不同地方的负责人才引进工作的干部打过交道，他们都是来北京各大高校为地区招揽人才的，其中几次招聘宣讲令我印象深刻，因为它们有共同的特点——都来自三、四线城市（包括县城），但都只招博士研究生到政府部门工作。

我曾经很不解地问他们："为什么你们招聘的学历门槛这么高？竟然只要博士？会不会大材小用啊？"我得到的回答是：招聘工作是否有成效、有成果，本身也是需要被考评的，它代表着一个地区的吸引力，同时也意味着人才引进工作的任务是否以高质量完成。从本质上说，是否抢到人，是否抢到优秀的人，抢到的人是否真正"实用"和"合适"，就像"开盲盒"一样，而且是否真正"实用"和"合适"往往无法在短时间内予以考评。由此，人才引进方只能依靠外在的标准来表明招聘的效果，是否名校，是否高学历，简历是否光鲜亮眼，就成了显性指标。至于按照这套外在标准招聘的人是否有真才实学，是否真的适合当地，那就是一个概率事件了，因为从理论上说，符合"系统"所要求的各项外在指标的人，有更大的概率是优秀的"人才"。

不仅如此，对"人才"来说，加入抢人大战，不论自己是作为选择方还是被选择方，比拼得更多的也是概率。在后文"象牙之塔"那一章，我系统剖析了教育行业是如何具有来料加工行业特征的。稍稍思考一下，我们就会发现，被困在"系统"内的这些受教育者，或主动或被动地将自己的学习生涯变成了一场围绕绩点和培养方案展开的竞赛，而这一切未必出于求知欲、好奇心或者对专业的热爱，而是为了在未来的就业市场中博得更靠前的位置，或者说，博得在求职过程中更大的被选中的概率。我们经常会说，现代社会是一个社会分工复杂、机会众多而又竞争激烈的社会，同时，现代社会与传统社会不同，强调权利的平等、机会的均等，由此对程序化、标准化及透明度有着更高的要求。在这样的社会状态下，可以将自身化约为能被做比较的数据、指标则是这场争夺战的入场券。

围绕“人才”展开的竞争，无论形式如何，究其本质，都是一场围绕“概率”展开的游戏。

人口：现代国家的政治算术

讲到这里，我其实只回答了第一个层面的问题，即“抢人大战”抢的是什么——表面看是在抢人才，其实是在抢由指标衍生的概率。我们紧接着就需要面对“抢人大战”涉及的第二个问题：为什么要“抢人”？或许，对很多朋友来说，这也是一个不言自明的问题——没有人，就没有经济活动；没有经济活动，城市就没有活力；城市没有活力，反过来就会进一步加剧人口的流失。这是一个致命的恶性循环。

上面这种思考问题的逻辑无可厚非，从常识上讲也毫无问题。不过，本书的目的并不在于用常人不懂的名词和理论概念解释大家都知道的道理，而是尝试寻找各种社会事实背后最底层的逻辑，重审我们面对这些问题时的思考路径。因此，“为什么要抢人”这个问题背后的元问题是：人、人口、人才对现代社会而言，究竟意味着什么？

实际上，人、人口和人才这三个词的内涵不同，但后两个词其实都是“人”这个字的衍生品。从本质上说，“人”，特别是经历了文艺复兴和启蒙运动的现代意义上的“人”，是一个哲学概念，也是一个本体论概念，而人口和人才的本质是统计学概念。人口的范畴和数量，都一定大于人才，简单来说，人才是人口中的“优质品”。在上一节中，我讨论了“人才”何以关乎标准制定和概率竞争，在这一节中，不妨来讨论一下“人口”。

所谓“抢人大战”和“人才竞争”，本质上是围绕人口的有用性和优质性展开的竞争。然而，就本质而言，暂且不论人口本身优质和有用与否，仅仅人口多寡就已经成为现代文明中的重大国家议题。这几年来，人口出生率放缓，甚至部分地区出现了人口增长率为负的情况，引发了社会舆论的广泛讨论与关注。鼓励生育、放开生育限制等措施都在实施，各个城市也都出现了各种激励措施，这也构成了抢人大战的基本背景。之所以会这样，是因为大众形成了一种关于人口的普遍认知：面对已经到来的老龄化社会，基于人口红利出现的持续经济增长将会遇到严峻的挑战。本书无意围绕这个人口经济学的问题展开更多的讨论，而是想要追问：为什么对现代国家而言，“人口”

成了重大议题？

从哲学角度来看，现代性的核心是从“君权神授”到“天赋人权”的转变，人不再是神的附庸，而是可以自我主宰的绝对存在；从政治的角度来看，现代性的核心在于从君主与宗教的双重专制中解脱出来，形成了形态各异的民主政体；从经济的角度来看，机器生产取代了手工劳动，以追逐利润为核心的资本主义工商业打破了自给自足的自然经济，人类的批量生产能力得到了空前提升。以上角度都是理解现代性、现代社会和现代国家的重要视角，但是如果从人口来看，人口成为焦点问题，并被纳入政治权力治理的范畴，则是现代国家的突出特点。

德国社会学家诺贝特·埃利亚斯在其一生最有名的作品《文明的进程》中写道，在16世纪之前，整个欧洲呈现一片混战的局面，而且这一局面持续时间非常长。其原因就是罗马帝国崩溃之后，整个欧洲大陆陷入群雄割据的状态，经常有地方领主做大之后反对中央领主的统治，因此欧洲长时间地处于“战争—和平—战争”和“分裂—统一—分裂”的历史循环中。然而，到16—17世纪，这一循环开始走向终结，地方领主越来越没有能力反抗中央领主，欧洲便走上了君主专制的绝对主义国家的历史道路，这也构成了现代国家的雏形。就此，埃利亚斯提出了他的问题：为什么这个治乱循环会在16—17世纪走向终结？与哲学、政治学等的解释不同，埃利亚斯并没有从政治观念的变化等层面对这一问题给出回答，他敏锐地看到了社会条件变化在其中起的重要作用。

在 16 世纪之前，人类社会的生产能力非常低下，人与人之间的交往范围非常狭窄，商业和贸易活动并不发达，这也导致货币在当时的现实生活中并不重要。那么，那时候的中央领主是如何封赏跟随自己四处征战、取得战功，并且助力自己登上“铁王座”的功臣贵族的呢？他们采用分封的方式，就是把一块地以及土地上的人分封给这些功臣贵族，封地成为他们的自治领地。这种方式实际上为后来的地方领主起兵反对中央领主埋下了祸根，因为地方领主在获得分封后享有对其领地的绝对治理权。然而，到 16—17 世纪，整个情况发生了微小而重大的变化。随着工业生产能力的发达和交通技术的进步，整个贸易的频率和程度在提高，广度在扩大，于是对货币这种一般等价物的需求量急速上升，货币在人们的日常生活中所起的作用越来越大。在过去，中央领主之所以要把土地和附着在土地上的劳动力作为奖赏分配给功臣，是因为在前现代社会，土地与作为其劳动力存在的人口是最直接和最重要的资源，而货币并不重要。然而，随着经济的发展，中央领主发现，可以用货币来取代土地和人口分封给功臣、骑士及贵族，这样就可以在一定程度上避免地方势力拥兵自重的情况。这样一来，中央领主最迫切需要的能力就不只是四处征战讨伐的军事武装能力，还有对贸易税收的精确核算能力，而这都需要中央领主有对国内人口的精确统计能力。正是在这个意义上，对经济、人口、土地的精确计算能力成为现代国家的要素，而单单靠君主一个人获得这种能力显然不够，由此，一个日渐庞大和专业的官僚机关便诞生了。[43]

埃利亚斯对西方绝对主义国家诞生的解释，无形中指出了人口在现代社会中的重要位置。福柯也曾指出："统计学现在则逐步揭示出，人口有它自己的规律性，有它自己的死亡率和发病率，有它自己的事故规律。统计学还表明，人口的效果是由人口的聚集本身造成的……统计学还表明，通过人口的迁移、风俗、职业活动等，人口有一些特定的经济后果。"[44]

如果说整个现代文明的一个重要关键词是"理性"，那么现代国家最需要的能力就是对包括人口、土地等在内的各种生产要素进行理性计算的能力。区别于前现代国家更多依靠军事力量和宗教神圣性来完成统治，现代国家更多依靠理性计算能力实现治理，而人口以及由此出现的人口学和经济学则成为重中之重。福柯敏锐地写道："为了用一种理性的和反思性的方式进行有效的治理，政府必须把所有关于人口的观察资料和知识都考虑进来。有一种知识的建构与治理知识的建构密不可分，这种知识的对象是所有与人口（广义上）相关的过程，即我们今天所说的'经济学'。"[45]

因此，如果说对"人才"的争抢是在抢"概率"，那么一个城市、一个区域乃至一个国家"人口"的增减变化，则关系到整个共同体一段时间内的治乱兴衰。在这个意义上，在人口流入与流出方面产生的焦虑，不仅是出于对经济是否具有活力的理性判断和预期，更是一种现代国家治理的本能，因为人口问题是每个现代国家治理者必须面对的政治算术题。

扎根：陌路城邦的田园狂想

人、人口、人才，这三个词语无论按照时间线索还是按照其内在定义的逻辑线索，在理论上都应该是递进出现的，先有整全性的人，然后才有统计学和经济学意义上的人口，之后才有概率论意义上的人才。然而，在现代文明的社会生活中，这三个词的优先级似乎发生了倒置。在一个总体性竞争的状态下，代表着国家理性的权力意志在进行政策考量时，往往对人才与人口更重视，人的全面标准化与数据化就产生了，围绕作为指标和生产要素意义上的人的概率竞争也就此全面展开。

处于高强度生活节奏下的现代个体，无论是“内卷”还是“躺平”，其实大多数时候都是在统计学意义上的概率论中挣扎罢了。如同本书第一章提到的那样，活在概率中的个体，就如同水中随波逐流的浮萍一般，往往因为概率、数字与指标的浮动而反复纠结，不断“流动”，个体生活的意义往往也会消逝。实际上，这并不只是针对城市管理者和政策制定者的难题，而是摆在所有现代人面前的难题。因为经历了“祛魅”过程的现代社会，其安放终极意义的地方已经从绝对神圣的宗教和君主转移到了个体的日常生活世界，个体如何与自己生活的城市或者乡村相处，如何能够在现代社会中扎根，从而在充实的日常中建立生活的意义与情感，就变成了所有人的课题。我们常说“此心安处是吾乡”，在陌路城邦般的现代生活中，我们乡归何处呢？

马克斯·韦伯曾经这样定义城市：“城市就是一个其居民主要是依赖商业及手工业——而非农业——为生的聚落。……城市的另一个特征或许是，经营的行业必须有某个程度的多样性。”[46]在韦伯的定义中，城市与乡村的最大区别就在于，城市的行业类型丰富得多，城市意味着异质性人口的高度聚合，因此城市生活天然意味着更多的机会、更快的节奏、更强的流动性。这种存在状态下的城市，客观上并非一个让人容易安心的生活场域。然而，事物有另一面，城市也不是一个完全无情的水泥盒子，帕克就这样写道：“城市不单单是若干个体的聚集，也不单是街道、建筑、电灯、电车、电话等社会设施的聚集……它更是一种心智状态，是各种风俗和传统组成的整体，是那些内在于风俗之中并不断传播的态度与情感构成的整体。”[47]

将上面这段略显抽象晦涩的学术语言翻译成白话其实就是：

一方水土养一方人，一方人塑一方风俗。所谓风俗，说白了就是一群人某种普遍的性情倾向与精神气质，在这个意义上，不同的城市也会呈现不同的特点。成都的悠闲、江南的精致、东北的豪爽、西北的雄壮，这些形容词不仅是针对地域景观的，也是对人的描摹。然而，无论是城市还是乡村，都已经进入一个空前流动的时代，人们在不同地区间往来穿梭，漂泊无定。一个人即便在一个地方工作了很多年，也很有可能并不了解这个地方，因为在"'996'福报"的加持下，每个人用来了解自己所在地方的时间少之又少。我自己住在现在这个小区已经10年了，但直至今日，我仍然和邻居完全不熟悉。当现代个体发出灵魂拷问"我该在哪里生活"的时候，他问的或许不是"哪里机会多"，而是"何处是吾乡"。而当城市管理者习惯依靠概率来展开抢人大战时，或许他们可以换一种思维方式来审视这个问题：究竟该如何塑造一个城市的品格，让生活在这里和即将来这里的人们有"家"的感觉？

作为一个离开家乡十余年的天津人，我经常会被朋友问："我要去天津玩了，哪里的煎饼馃子最好吃？推荐一下。"我的回答永远是："我家楼下那家。"我想，这才是一个城市镌刻在一个人生命中的烙印。

08

跟风旅行

真的有那么多“不得不去的远方”吗?

旅行：现代人的异乡梦

天色甚朗。觅导者各携筇上山，过慈光寺。从左上，石峰环夹，其中石级为积雪所平，一望如玉。疏木茸茸中，仰见群峰盘结，天都独巍然上挺。数里，级愈峻，雪愈深，其阴处冻雪成冰，坚滑不容着趾。余独前，持杖凿冰，得一孔置前趾，再凿一孔，以移后趾。从行者俱循此法得度。上至平冈，则莲花、云门诸峰，争奇竞秀，若为天都拥卫者。由此而入，绝巘危崖，尽皆怪松悬结。高者不盈丈，低仅数寸，平顶短鬣，盘根虬干，愈短愈老，愈小愈奇，不意奇山中又有此奇品也！……余急于光明顶、石笋矼之胜，遂循莲花峰而北。上下数次，至天门。两壁夹立，中阔摩肩，高数十丈，仰面而度，阴森悚骨。其内积雪更深，凿冰上跻，过此得平顶，即所谓前海也。由此更上一峰，至平天矼。矼之兀突独耸者，为光明顶。[48]

以上佶屈聱牙的文字来自我国明朝的“旅游博主”所写的游记——《徐霞客游记》。实际上，徐霞客很难称得上最早的旅行者，因为前有孔子周游列国，后有总是郁郁不得志而云游四方的“诗仙”李白。但是在后人看来，孔子和李白的旅行带有各自的目的及“副产品”。前者周游列国，是为了“宣讲”自己的政治理念与社会思想，以实现天下之“仁政”，而后者云游四方，以现在的眼光看，似乎带有为了文学创作而进行“采风”的意味。但是徐霞客与他们都不同，徐霞客的旅行目的相对单纯，“旅行”本身便是其重要目的。他的旅行见闻《徐霞客游记》没有华丽的辞藻，少见讲究的修辞，而只是对所见景观做了较为平常的记录。恐怕连徐霞客自己都不曾设想，自己所作的游记竟然会成为流传百世的经典，他也不会想到，在现代社会中，旅行这一活动本身会产生巨大的经济效益，乃至发展成为行业，甚至有很多国家都将旅游业作为其支柱产业。徐霞客更不会想到的是，很多现代人已经将旅行本身作为重要的生活方式，它成为越来越多人日常生活的组成部分。

在传统社会中，受限于人类的技术条件和交通条件，大部分人终其一生的生活空间都是相当有限的，因此旅行并不构成古人的常态。在传统中国，人们更多是因为战争、自然灾害等原因而进行旅行，实际上就是迁徙，而其他的流动则主要是经商或者经由科举进入官僚系统后的出仕为官，单纯以享乐为目的的旅行并不多见。直到近代，旅行对大多数人来说依然是种奢侈品或者附带产品，纵然如梁启超这样的大思想家，对欧美的游历也更多是以开眼看世界和考察西方为核心目的的，他的游记《欧游心影录》一共八章，其中只有第二章“欧行途中”算得上旅行中的见闻与感怀，而其他章节实质上都可以被看作对时局的某种政治评论。[49]

然而仅仅过了一百年，旅行在我们的生活中就发生了巨大的变化。特别是在新冠疫情暴发之前，整个中国的旅游行业不仅蓬勃发展，甚至还产生了巨大的“溢出效应”——中国游客的足迹遍布世界，这实质上为其他国家的经济发展提供了不可小觑的动力。

根据《中华人民共和国文化和旅游部 2019 年文化和旅游发展统计公报》，2019 年年末，纳入统计范围的全国各类文化和旅游单位 35.05 万个，从业人员 516.14 万人。其中，各级文化和旅游部门所属单位 66 775 个，减少 60 个；从业人员 69.49 万人，增加 2.43 万人。除了这些机构和从业人员的数据，旅游行业蓬勃发展的状态，更是体现在其经济动能上：2019 年国内旅游市场和出境旅游市场稳步增长，入境旅游市场基础更加牢固。全年国内旅游 60.06 亿人次，入境旅游 14 531 万人次，出境旅游 15 463 万人次，全年实现旅游总收入 6.63 万亿元。到 2019 年年末，全国共有 A 级旅游景区 12 402 个，全年共接待 64.75 亿人次，实现旅游收入 5 065.72 亿元。[50]

这些耀眼的数据告诉了我们什么？它们告诉我们，旅游行业作为现代经济体系中的重要组成部分，具有巨大的效能：刺激居民消费，包括旅行本身的消费，也包括酒店民宿行业、餐饮娱乐行业和交通物流行业所产生的消费。我们如果把这根链条的时空维度考虑得更完整些，就会发现，它甚至还能对一个地方的房地产和建筑行业产生巨大的刺激效果。然而，以上这些都不是我在这部分重点讨论的问题。

我关心的问题是：现代人究竟为什么如此热衷旅行，以至于它甚至成为很多人的理想生活必不可少的组成部分？不仅如此，在当今的社会生活中，我们还会看到与旅行有关的“怪现象”。比如，有人说，很多人出去旅行的基本流程就是“上车睡觉、下车拍照”，如果这个流程构成了旅行的主要节奏，那为什么我们还需要旅行？又比如，放眼全国各地，大部分以古镇为主题的旅游景点都具有高度的同构性，很多具有历史感和人文元素的地方都会有各种大型实景演出；发达的社交媒体上会有各种各样的网红打卡地，令大家心驰神往。对于这些现象，如果我们只用经济利益的驱动来进行阐释，那就过于简单了。在我看来，对上述这些现象的理解，都离不开对“现代人为什么如此需要旅行”这个元问题的追问。如果运用现在社会科学研究的一般手段，无论是问卷调查还是深度访谈，对“为什么会去旅行”这个问题都会得出停在表面的“动机式”的回答，而对这个问题的整体性理解，要回到现代人普遍的生存状态与心灵结构的层面。

打卡：空心人的填充物

这本书第一章的名字是："空心时代：生活的意义为什么消逝了？"实际上，这个问题还有个前置性问题，就是"生活该有意义吗"。因此，在现代社会生活中，我们会很自然地认为，旅行对现代人来说，是"找回"或者"安放"生活意义的重要"出口"。我们经常会看到这样的文案：

> 来一场说走就走的旅行。
>
> 世界很大，我想去看看。
>
> 人的一生必须去的 50 个地方。
>
> …………

对个体而言，世界确实很大，但为什么人一定要去"看看"呢？单纯的好奇心就足以解释这个问题吗？对个体而言，一生很短暂，既然很短暂，那为什么还要出去看看呢？宅在家里不好吗？单纯用"享乐主义"和"及时行乐"的心态能解释吗？

正如第一章所讲的，现代社会中的个体总有一种意义消逝带来的精神危机。这种意义消逝的精神危机的根源，其实在于现代人认为"生活应该有意义"。与传统时代不同，现代个体的意义很多时候既不来自对宗教的虔诚，也不来自对君主的效忠，随着日常生活中马克思所讲的“商品拜物教”、人的“异化”的出现，甚至连韦伯所讲的宗教改革之后的“天职”观念都已经退居二线了，于是，现代个体及其需要独立负责的日常生活，成为意义的唯一载体。于是，现代人处在一种非常悖谬的紧张性结构中：一方面，现代的基础逻辑起点就来自平等、自由与独立，它相当于现代文明对个体的一种承诺；另一方面，现代人总是会感到这种承诺兑现起来非常困难。现代人相信自己是自由的而且应该是自由的，但是在现实生活中又总是感受不到自由，这最主要体现在个体总是感觉自己的时间被不属于自己的工作占据着，自己的生活不是想要的，自己所在的城市不是喜欢的。个体在现实生活中总是体会着事与愿违的状态，生活都不遂己意，遑论“我的生活我做主”。我的生活我做不了主的情况下，生活的意义就更无从找寻和安放了。

不仅如此，对现代个体来说，生活的意义究竟是什么，本来就是一个没有标准答案的问题。有人会觉得活着本身就是意义，有人会将“老婆孩子热炕头”作为生活的意义，还有人不满足于此，要么将成就一番事业作为意义的归宿，要么将“做个好人”当作人生的目标。正因为这是现代社会给现代人预留的一道没有标准答案的开放式题目，大家在面对它的时候才会普遍陷入茫然。

由于现代社会生活节奏的基本特征是标准化、流程化，因此大多数现代人与生活世界的关系是短平快的“快餐式”关系：

食物满足热量而味道退居其次，工作满足生存而价值退居其次。这种与生活世界的联结方式形成了现代人的内心结构：在高强度、高竞争、高流动性的社会境况下，个体满怀意义感而来，却时时刻刻感受到“自己”和“意义”的消逝。但怎样找回意义，以及究竟什么是意义，从未有标准答案。

如果说这样的生存状态和心灵结构构成了现代人的“底座”，那么我们就不难理解“网红打卡式”旅行的流行了：对于很多人来说，去哪里旅行、旅行去看什么，都未见得有标准答案，他们甚至会将“都行”“无所谓”挂在嘴边。相比之前，现代人有着前所未有的信息获取手段，因此，通过短视频平台和各种 App 这些线上途径，我们可以在茫然无措的情况下去寻找旅行目的地，而在技术与资本的双重加持下，过分发达的信息会塑造信息茧房，网红打卡的旅行之地不过是流量的公约数结果罢了。

当然，我们必须承认现代人在资本、信息和技术的加持下对“远方”的塑造能力——比如“猪八戒故里”“萧峰跳崖处”等就很容易变成网红景点。仔细想想，这些景点的存在都非常悖谬：猪八戒是神魔小说中的人物，而萧峰是武侠小说中的英雄，因此上面这两个景点以及类似景点的名字，都不是历史事实。然而，名字真实与否并不构成旅游景点的核心要素。有没有故事可讲，有没有眼球可抓，有没有流量支持，能不能捕捉人们的猎奇心理，才是核心要素。在这个意义上，网红景点本质上是作为社会事实而非历史事实的一种存在，它的核心要素使它对不断在迷茫中寻找远方的现代人具有更大的吸引力，也具有更大的被人看到、被人知晓的可能性。

对在这种情况下踏上旅途的人来说，“世界很大，想出去看看”的好奇心只是诸多动机中的一个，更重要的是在旅途中关键地点的打卡拍照，以及拍照后的分享。拍照是在对内心的那个“自我”说：我来过，这就是意义，生活中还有我能支配的部分，因为是我决定来这里的。而拍照后分享在社交媒体上，则是对生活世界的某种宣告，这意味着自己的生活及其意义被看到和被认可。因此，比如敦煌与河西走廊是一定要去的地方，但是很可能很多人看到美轮美奂的壁画后，既无法在知性意义上理解壁画背后的文明与历史，也未必能在感性意义上直观体会到壁画的视觉美，但是他们一样要去，一样要拍照，一样要分享和啧啧称赞。在我看来，这既不能用“无知”来形容，也不能用“虚荣”来概括，因为“我来过”这个动作和行为本身，就已经构成了他们内心深处定义的意义，就如同在现在的生活中，“买东西”中的“买”这个行为的意义已经大于“东西”本身。

一个人在旅行中拍照，然后上传到社交媒体，他感受到的快乐是一个怎样的机制呢？仔细想来，这种内心深处的体验大体如此：当我们将打卡照和旅行照公布于社交媒体之后，我们的快乐值和满足感是随着点赞数的不断增加而增加的，而当点赞数的增势趋缓乃至最终停止时，我们的满足感也随之渐趋平缓直至消逝。如果我们代入自身体会一下这个过程，并且真诚地面对自己，我们会发现自己或多或少也经历过这样的心理过程。

正是因为旅行本身成为现代人为数不多的自主选择，所以它也成为人生意义的重要“填充物”。与此同时，在对琳琅满目的填充物的选择上，发达的媒介技术、敏锐的资本嗅觉又和现代人短平快的需求满足方式像传统建筑中的榫卯结构一样无缝契合，于是我们每逢劳动节、国庆节和春节都会看到电视上关于旅游的新闻；现代人一方面在朋友圈中发着各种各样的自拍，同时感慨着人潮人海式观光，另一方面不断重复着“明年一定哪儿都不去了—来一场说走就走的旅行”的循环。

作为空心人的填充物的旅行，是一种普遍存在的状态，它如同一个巨大的车轮，嵌套在现代社会秩序与经济链条的车轴上，一经发动，滚滚向前。它无所谓优劣，只是现代社会运行逻辑的一种映射。

远方：流浪者的桃花源

前文讨论的网红打卡地和现代人在被流量包裹的信息流

中做的旅行选择，只是呈现了现代个体的存在状态与心灵结构的冰山一角而已，尚没有真正回答“现代人为什么需要旅行”这个问题。实际上，“现代人为什么需要旅行”这个问题，在我看来应该换一种表述方式，即“现代人为什么需要远方”。

人类作为物种，一直有着对远方的某种想象，只不过在传统时代，人们在文学诗句中对远方的描摹要么出于对故乡的思念，比如“独在异乡为异客，每逢佳节倍思亲”；要么出于对即将到来的分别的感怀，比如“莫愁前路无知己，天下谁人不识君”。大多数对远方的描写和感怀，都是基于对故土、故人的留恋与不舍。如果说传统社会中有对远方的乌托邦式的寄托，那非《桃花源记》莫属，它描绘了一幅世外桃源的迷人画面，身在桃花源中的人过着令世人艳羡的生活，他们可以远离喧嚣，远离战事灾害，过着“无论魏晋，乃不知有汉”的田园生活。但是，这种对乌托邦般的世外桃源的描写也无法直接和现代人对远方的执念画上等号，因为桃花源实质上是一个充满家人温情的共同体，他们世代生活在一起，避世而居又情意绵绵，这与现代人对好奇的、新鲜的远方的想象是不尽相同的。

那么，现代人究竟为什么如此寄望于远方呢？因为每个现代人心中所向往的远方，是流浪者的桃花源。是的，在现代性的意义上，每个现代人都是流浪者。除了标准化、流程化这些工业文明的生产性特质，现代社会的另一个典型特质便是前所未有的高度流动性。在物的意义上，生产的高速发展是与流通的高度提升密切相关的，因为只有能够卖出的东西才是有价值的商品；在人的意义上，这种高度的流动性同样存在——现代人不再像传统社会的人那样被自己的血缘、地域等先赋性要素束缚，不必子承父业，也不必遵从媒妁之言，更不必一辈子待在一个小地方，既无意愿也无可能“成为自己”。工业的发展，城市的繁荣，城乡联结乃至国与国之间联结的加强，以及交通方式和通信技术的不断发展，都使得现代人完全有条件“实现自我”。然而，悖谬的问题在于，在一个形式上同质化越来越高的地球村，在一个充满标准化、流程化和可计算性的现代社会，现代人萌生的对主宰自己生活的强烈渴望又会迅速被抽离乃至被消磨殆尽。

设想一下，一个人从小学开始，按照标准流程，在教育产业的流水线上通过不断“内卷”使自己在城市中找到一份体面的工作，然后进入职场，继续承受 KPI（关键绩效指标）的考核和高房价的压力，甚至还有可能在人生旅途中不断受到催婚催育的压力。在这个意义上，现代个体的生命旅程似乎也高度流程化了，现代人挣脱了传统时代君主权力、宗教神权与家长权威的层层束缚，但是被困在了一个无形的系统之中。这个系统看上去开放、平等、专业，有着明确的程序与结构，似乎也给身处其中的人提供了人生的多种可能，然而当现代个体踌躇满志地投身到现代社会这个庞大系统之中的时候，他渐渐就会体会到韦伯所说的“祛魅”的世俗生活所带来的空虚感和抽离感。

韦伯所说的“祛魅”的社会，说白了就是宗教世俗化程度极高，而所谓宗教的世俗化程度极高，就是指“此生即此生”，现代人不再像中世纪那样，依赖对彼岸世界的想象来规制此生世俗生活的意义，而是全身心投入世俗生活。因此，这既是一个意义从彼岸落地的过程，又可能是一个意义消解的过程，更是一个将自身的世俗生活变成意义载体的过程。但是，这里面存在着巨大的甚至是不可避免的张力。

人作为高级动物，总要去追寻意义，而现代世界的默认值便是你可以通过主宰自己生活的方式来实现意义，然而，现实生活中却布满了消解意义的“机关”——无论是“内卷”的职场，还是流于柴米油盐酱醋茶的世俗烟火，似乎都不足以安放现代人的意义。于是，现代个体处在一个高度纠结的状态中：一方面，现代个体无法决然拒斥世俗生活，潇洒转身逃离，因为早已逃无可逃；另一方面，基于现代社会的承诺（每个人都是自由的灵魂，可以实现自我），现代人又必须想办法在一定程度上不时地抽离出来，哪怕这种抽离是短暂的，或者没有明确的目的指向和意义旨归。于是，诗和远方成为现代人的某种精神标识，而旅行本身则成为这种抽离的最直观的表达方式。至于“诗和远方”的具体内容是对高雅艺术的欣赏、对青藏高原的向往还是对网红打卡地的追逐，就因人而异了。

更有趣的是，这种对远方的“执念”甚至可以跨越年龄和代沟。在现实生活中，很多已经退休的老年人在一段时间内意外成为外出旅行者的主力军。这些50后、60后已经从职业生涯中解脱出来，因此不用过分考虑自己的出行时间，同时，他们又经历了改革开放这一快速现代化的历史进程，在观念上尽管和80后、90后依然存在差异，但总体上也能接受“享受人生”的态度。不仅如此，很多50后、60后经历了计划经济体制等复杂的历史时期，因此内在具有被剥夺的心理状态。在他们的生命中，有太多无法自己做出决定和选择的时刻，而当自己迈入退休生活之后，“到处走走看看”和“找回逝去的时光”成为“做自己”和“寻找人生意义”的重要选项。

由此可以看到，尽管年龄差异和代际差异确实客观存在，但无论是50后还是00后，他们的生命历程都嵌套在现代世界本身的生命历程之中。因此，无论是被宏大历史事件影响，还是被庞大的职业系统占据，他们普遍的生命体验都是“自己的时间和生命被不属于自己意志的东西占据”。因此，越是感觉到被占据、被支配，就越是需要在生命中不断寻找远方，哪怕这些“远方”不那么高级，哪怕这些“远方”是被塑造出来的。无论何种形态的远方，对现代人来说都是流浪者的桃花源。

附近：栖居者的中途岛

我是一个热爱旅行的人，以前在学生时代，时间相对充裕，我还经常去户外爬山、露营。那个时候的露营和现在的大不相同，不是去一些成熟、规范的营地，而是在较为原生态的山间、河边。我印象非常深的一次是我和几个朋友在北京郊区的一座山里露营。当时我们找到了适合露营的地方，正在扎营。刚好当地的一个村民路过，他看到我们在深秋北京的郊区山地扎营，流露出非常不解的表情，开口问我们："你们住在这儿？这儿晚上可冷。"我们说："大爷，您放心吧，我们就是来露营的。"虽然这位大爷没有明说，但我猜想他内心深处的声音是这样的："这群城里人真奇怪，放着舒服的房子不住，非要来这深山里遭罪。"

旅行的本质是什么？是涤荡心灵之旅？还是无脑烧钱之旅？抑或是开阔眼界、满足好奇心之旅？其实旅行最本质的东西恐怕是：从自己待烦了的地方去别人待烦了的地方待着。实际上，在有关旅行的这场讨论中，我们还忽视了另一个元问题：如果远方对现代人来说是生存状态中不可或缺的部分，那么"附近"对现代人来说又意味着什么呢？换言之，大部分人的大部分日常生活依然是在相对固定的时空中展开的，我们所居住的社区、城市，我们工作的写字楼、工厂，我们每天来往通勤所路过的地方，以及我们放弃远行、度过慵懒周末的街心公园和购物中心，这些我们生活的“附近”对现代人来说又意味着什么呢？是家园？是归宿？还是漫漫人生旅途中的一座驿站？

从现代性的特征上来说，现代人普遍处于“生活在别处”的状态之中。所谓生活在别处，说得尖刻一点儿，就是“这山望着那山高”。在高强度的工作节奏下，在高流程化的生活结构中，大多数现代人日复一日地感受到的是日常生活的高度同质化，这就如同一套熟稔于心的操作流程——每天几点做什么，哪怕这套操作流程自己不喜欢，甚至没有将它安置在各种App中，现实而客观的生活节奏也已经主宰着我们的日常生活，使我们循规蹈矩地运转，我们却总感觉“自我”无法得到充分的施展。“这并不是我想要的”成为总在我们脑中回响的一个声音，这个声音不断刺激并撩拨着我们的好奇心、探索欲和意义感。

于是，我们最熟悉的生活场景，也就是我们生活的“附近”和“日常”，因为平平无奇、索然无味，反而在现代人的生命世界中处于隐形的状态。现代人与“附近”既是物理意义上深深嵌套的，又是精神意义上渐行渐远的。我们与居所的关系越来越像旅店，每日重复着上班—下班的固定流程，以至于根本无意仔细体会自己与“附近”的实质关联，它具有功能性价值，但不具备精神性意义。它充其量只是现代人的中途岛。我们经常会听到身居大城市打拼的现代人对未来描摹这样的愿景：等我老了，我想找个南方的小城，依山或者傍海，享受人生。这种对远方的描摹，体现了现代人与“附近”和当下的疏离。

美国当代作家杰克·凯鲁亚克被视为“垮掉的一代”的代表人物，他在自传体小说《在路上》中这样写道：“我却听到了新的召唤，看到了新的地平线，我年轻的心对之深信不疑；即便他替我招来一点麻烦，或者即便迪安最终不把我当朋友，听任我在路边活活饿死或者在病床上病死——又有什么关系？我是个年轻的作家，我要起步。在这条路上走下去，我知道会有女人，会有幻象，会有一切；在这条路上走下去，明珠会交到我手中。”[51]

在路上，在别处，是现代人的普遍存在状态，旅行也就成了现代人的必需品。

现代人本身，就是整个现代世界的栖居者。

我们所有人，或许都只是现代世界的匆匆过客，却始终以归人自居。

09

隐入尘烟

乡 村 是 如 何 空 心 的 ？

乡村：中国社会的田园诗

结庐在人境，而无车马喧。
问君何能尔？心远地自偏。
采菊东篱下，悠然见南山。
山气日夕佳，飞鸟相与还。
此中有真意，欲辩已忘言。

上述文字出自我国魏晋时期著名田园诗人陶渊明所作的《饮酒（其五）》，这首诗中的“采菊东篱下，悠然见南山”一句广为流传，在我国的文化与历史传统中被认为是一种人生中难得的境遇，因为这既可以被理解为一个人心无旁骛、悠然自得的人生状态，也可以被看作一个人历经世事、洗尽铅华的淡然心境。但无论是何种阅读理解方式，都离不开“自然”这个底座。这首诗穿越千百年不断传递给中国人的，实质上是我们对乡村社会、自然山水和田园生活的无限向往与美好寄托。田园及田园诗能否治愈现代人常说的“精神内耗”，我们恐怕无从知晓，但是显然很多被困在系统中、颓然地奔波于城市中的现代人，都已经将田园和山林作为解决自己精神内耗或者精神危机的一剂良药。

田园也好，山林也罢，不只在现代，在传统社会中也是文人墨客乃至官僚士大夫的心灵归宿。修身、齐家、治国、平天下是读书人的理想，而一旦入仕为官，便很难做到心静如水，因此无数名士都将田园山水当作自己的“出口”。不过，人的真实状况往往是“理想很丰满，现实很骨感”。渠敬东在对传统士人的山水画进行社会学分析时就指出：“庙堂中人，沉浮于尘世，不得不留住归隐青林的期望，故而郭熙笔下的画卷，就成了心之归往的托付了。”[52] 山水与田园，既真实存在于物理世界中，又以书画、诗词等方式存在于精神世界中，构成了中国人生活中不可缺少的部分。

钱穆在《略论中国社会学》一文中对中国社会的构成做过很有意思的分析，他说：“今论中国社会，应可分四部分，一城市，二乡镇，三山林，四江湖。”[53] 在钱穆的语境中，这四部分如同一个同心圆，城市是中心，后三者的范围则渐次扩展。如果以当下的境况理解，这四者的关系恐怕会有微小的变化，因为当今中国社会中的乡镇（乡村），大体上和山林呈现一种高度的对应关系，乡村、山林及田园有着明确的意象。乡村应该是原生的，山林应该是自然的，田园应该是纯净的。在这个意义上，乡村实质上成了现代中国社会中的某种田园诗。

打开短视频 App，我们能够看到各种各样的旅行推送，其中经常出现的是这类标题：

中国不得不去的10个最美小镇

别给余生留遗憾！中国六大最美乡村，江西婺源古村落上榜！

中国十大最美民宿

…………

上面这些文字充满“标题党”的意味，如果看具体内容，你会发现推荐的这些小镇或者民宿的地点都在乡村。近年来，大众对“旅行”两个字也有了比以往更加多元的理解，很多人不再向往名胜古迹或者名山大川，而是对很多具有原生态意味的乡村充满兴趣。不仅如此，在旅行之外，在人生选择上，也有不少人萌生了退隐田园和归隐山林的意愿，甚至已经做出了这样的选择：有人辞掉了大城市的工作，甚至卖掉了城市的房产，走进了乡村生活。

上述文字与画面，在发达的媒体与资讯的传播下，在某种程度上塑造着中国乡村的面貌。然而，这种田园诗般的画面，就是今日乡村的普遍状态吗？前段时间，有一部名为《隐入尘烟》的电影引起了大家的广泛讨论。这部电影中的两位主人公可以用“生活困苦，命途多舛”来形容，似乎又为大家呈现了乡村生活的另一种面貌。从这部影片中，我们可以隐约看到过去学术界广泛讨论乡村时出现的很多热门词：城乡二元结构、城乡差异、区域差异……紧接着的问题是：这些差异到底是如何形成的？城乡二元结构和城乡差异就是我们所看到的收入水平、经济发展水平的差异吗？城乡差异的本质是什么？我们如果仔细观察就会发现，近几年来，有关城乡差异的讨论开始减少，那么，城乡差异还存在吗？

不只如此，当我们讨论城乡差异的时候，还有两个有趣的现象和话题引起了人们的讨论。一个是所谓的乡村空心化问题，简单来说，就是乡村的人口越来越少，尚且留守在乡村的是大量的老人和儿童，这造成了乡村发展本身的内在动能不足。另一个问题则是资本开始涌入乡村，比如很多乡村都将旅游业作为致富的重要路径，农家乐、中高端民宿，乃至越来越多的书店、咖啡馆开始出现在乡村。这两种现象令人迷惑：乡村到底有没有空心化？如果没有，那为什么乡村的成年劳动力越来越少？如果有，那为什么又有这么多人源源不断地来到乡村，乡村甚至得到了资本的青睐？

这些现象混在一起，实际上很像《隐入尘烟》给我留下的观感。在我看来，这部电影不仅呈现了乡村生活中普通人的哀愁与困苦，而且默默传递出另一种不容易被现代人理解但是容易让现代人羡慕的状况。比如，影片中的两位主人公拥有的绝对不是现代人心目中理想的爱情和婚姻，但他们能够在日复一日的相处中形成大多数人可能都羡慕的婚姻情感关系，真正实现了“相濡以沫”“同舟共济”的佳话。

乡村与田园为什么有着如此之多的面孔与景象？这让人捉摸不透，让人欢喜，也让人担忧。

实际上，这些困惑本质上源于一个元问题：乡村对当下的中国社会而言，到底意味着什么？为了回应这个问题，我将在后文中围绕以下问题展开讨论：

中国社会中存在着城乡差异吗？这个差异的本质是什么？

乡村空心化问题存在吗？为什么会出现空心化问题？

现代都市人为什么会向往田园？

城乡：结构问题的空间化

在我们的生活世界中，存在城乡差异吗？

答案当然是肯定的。那么，究竟什么是城乡差异呢？就一般理解而言，它主要指城市与乡村的经济发展状况、收入水平和公共基础设施的现代化等层面的差异。本节也将只围绕这些层面展开讨论。

如果我们以世界范围内的现代化进程作为讨论尺度，那么城乡差异属于社会的自然现象。在传统社会中，无论在东方还是西方，抑或是其他文明中，城市在相当长的历史时期内并不扮演重要的角色，因为在工业文明来临之前，城市并不具备很强的生产性特征。在传统时代，民以食为天是任何一个文明的根本，因此重农主义是历史上的主流思潮，城市更多带有政治意义与军事功能，同时附带着有限的商品集散地的属性。随着工业文明的到来，商业勃然兴起，城市渐渐有了更重要的意义。随着农业技术的进步，大量的农业人口开始出现剩余，而城市兴起后，工业、商业、服务业则成为接纳、吸收这些剩余劳动力的重要场域，这是一般意义上的现代化进程。我们会注意到，在这个进程中，剩余的农业劳动力转向城市的一个重要前提便是农业技术、耕作方式的重大变化。在诸多较早进入现代化进程的发达国家，乡村的现代化和城市的现代化进程总体上是同步的，因此，它们在生活水平和经济发展上没有呈现非常明显的结构性差异。

然而，我国的情况有所不同。一方面，我国是后发现代化国家，整个国家在 19 世纪的现代化进程非常缓慢，在 20 世纪上半期又长时间处在半殖民地半封建社会的状态之中，被动地成为商品倾销地、低价原料和劳动力的供给地，整个工业化进程和现代化进程处于严重的受阻滞状态。另一方面，我国是一个幅员辽阔、人口众多且内部充满多样性的超大规模共同体，因此，当 1949 年中华人民共和国成立之时，它面对的是一个非常复杂的历史局面：我们需要尽快启动现代化的历史进程，但是又面临着“人口多、底子薄、地区发展不平衡”的现实困难；更重要的是，近百年的民族屈辱史使我们坚信“落后就要挨打”，而 20 世纪 50 年代的基本国际格局又是两大阵营对抗的冷战格局，在这种情况下，战争与国防问题自然成为新中国发展现代化和工业化首先需要解决的问题。而国防的发展则要依靠资本密集型和技术密集型的重工业，只有理解了这个背景，我们才能理解 20 世纪 50 年代优先发展重工业的总路线。

在工业化基础薄弱、农业人口众多、技术落后、经济状况整体贫弱的情况下优先发展重工业，意味着国家需要将有限的资源集中起来投放到重工业和城市领域，这是理解我国长时间存在的城乡差异和城乡二元结构的前提，也是理解 20 世纪 50 年代开始的计划经济体制、粮食统购统销政策和户籍制度的前提。

为确保工业发展和城市需要，我国自 20 世纪 50 年代开始逐步实施了农副产品的统购统销政策，并同时在客观上形成“价格剪刀差”，即以低于市场价的统一价格收购农副产品，同时又以较高的价格统销工业品。[54] 单纯基于粮食的统购统销和价格剪刀差，并不足以保证将有限的资源集中起来投放给重工业，因为农民有可能在不理解宏观政策用意的情况下选择离开乡村，由此，在特定历史情境下限制人口在城乡间自由流动的户籍制度便产生了。这样一种总体性的制度系统，客观上造成了中国社会中长期存在的城乡二元结构。

必须说明的是，我们要将制度放置在具体的历史时空中才能理解。钱穆先生在《中国历代政治得失》中就指出，在对制度进行评判的时候，人们往往陷入时代意见而非历史意见之中。所谓历史意见，指的是在制度实施时代的人们切身感受而发出的意见，而时代意见则是指后人单凭自己所处的环境和需要来批评历史上已往的各项制度。[55] 因此，我们需要将历史上实行过的制度放置在具体的历史情境中加以理解。在这样一种制度背景下形成的城乡二元结构，被称为“行政主导型城乡二元结构”[56]，这种城乡差异极强的历史性与制度性成因，也造成了城市与乡村之间在经济发展水平、公共基础设施建设水平以及人口普遍的受教育程度与文化水平上的差异。

综上，行政主导型城乡二元结构下所形成的差异，其实质是一种结构化问题的空间呈现，它是作为后发现代化国家的中国在特定历史背景与情境下的产物。但是，这种城乡差异只是一段时间内的状态，也只是我们对城乡差异的表层理解，因为这里的讨论只是围绕可见的经济属性和生活水平等维度展开的讨论，尚未真正深入其底层逻辑。

空心：现代进程的子命题

随着 1978 年改革开放的历史进程的开启，我国的社会经济得到了快速发展，城市化的进程大幅加快。随着生产积极性和农业耕作技术的不断提高，在改革开放后，我国农村的生产效率、生产水平都有了一定程度的提升，随之而来的是农村剩余劳动力的流向问题。整个改革开放带来的巨大动能又同时提升了我国城市的发展水平，从而为吸纳大量的农村劳动力提供了无限可能，进城务工人员也作为新生的社会群体登上了历史舞台。围绕进城务工人员所产生的一系列新问题，例如城市融入、子女教育、户籍制度改革等，学术界已经有不少成熟的研究，这并不在本章讨论的主要问题范畴之内，我想在此讨论的是由于城乡之间人员流动和城市化进程加速而产生的乡村空心化问题。

单纯从理论逻辑来看，乡村的空心化问题实质上是人类现代化进程中的自然现象。在法国社会学家孟德拉斯看来，随着生产技术和经营方式的不断革新，过去以家庭为单位开展的农业耕作模式将会发生巨大变化，朝技术化、集团化、组织化的方向演进，这意味着未来的农业生产更多依靠机器而非纯体力劳动者，而传统意义上的农民也将随之“终结”。[57] 孟德拉斯的这个预言尽管只是有关现代化和城市化进程的一种理论假定，但也确实蕴含在城市化的历史进程之中。

在现代性的逻辑之下，城市相比乡村具有更重要的位置——城市集生产、消费、金融、娱乐于一体，同时又成为高度流动性的现代社会的枢纽与节点，而随着农业占用的纯体力劳动者的进一步减少，将有越来越多人脱离传统农业，他们要么留在乡村从事其他行业，要么进入城市。对开启改革开放进程的中国社会而言，从乡村进入城市的人口流动在过去 40 年中体现得非常明显。然而需要注意的是，在改革开放的前期，尽管已经出现了大量的进城务工人员，但是乡村空心化问题似乎体现得并不明显，也较少有人提及，其原因就在于当时进城人员的主要目的是打工赚钱，他们自身与乡村社会之间的联系并没有被割断。但是，随着第一批进城务工人员进入中年，其中部分人的子女出生在城市，甚至在城市长大，他们具备了一定经济条件，就会在城市扎根，让子女在城市接受教育，甚至条件更好的人还可以将父母从乡村接到城市生活。而这种长时间的“时空交错”的生活，也在客观上造成了乡村社会中留守儿童和留守老人情况的加剧，影响了乡村社会的发展。从宏观上看，城市化进程所带来的巨大经济动能对农村产生了巨大的吸附效应，而从微观上看，个体在城市中有了更多的机会、更多的可能性，城市也更能为个体提供平等、自由、多元的现代性体验。于是，乡村社会的空心化问题产生了。而乡村的空心化又会在很多层面具体表现出来，比如乡村成年劳动力的锐减，又比如乡村学校和学生的减少。在撤点并校的政策背景和乡村人口向城市流动的情况下，1997—2010 年，全国减少小学 371 470 所，其中农村小学减少 302 099 所，占全国小学总减少量的 81.3%。[58]

以上讨论的内容，实质上只是乡村空心化这一问题的可见性物理层面。随着近年来城镇化速度的加快，在城市周边的大量乡村开启了各自的城镇化进程，而这一过程本身是农民上楼与资本下乡的同步进程，在这一过程中，农民的居住环境、生活习惯、工作状态乃至生计结构都遇到了巨大的挑战，甚至发生着微妙的改变。[59] 这些发生在日常生活层面的变化，构成了乡村空心化的另一重内涵。

所谓乡村空心化，其直观现象在于人口从传统意义上的乡村流出，其带来的直观效果在于乡村社会的活力下降，对经济与社会发展的创造力不足，而其更深层次的影响则在于对乡村原有伦理秩序和生命体验的冲击与改造。如果说后一个问题在某种程度上是一个不需要直接干预的自然进程，那么前一个过程则已经引起了广泛关注，因为人是现代社会中最重要的生产要素，人口在乡村的锐减，会影响整个乡村社会的经济生态。

那么，究竟该怎样解决乡村空心化的问题呢?

可能有人认为这个问题不需要解决，这同样是一个自然的、无须干预的过程，因为当涌入城市就业的人口越来越多，直至饱和之后，无法在城市留下并扎根的人自然会回到乡村，甚至城市在发展过程中也会出现“逆城市化”的现象，但是这样一种论断在某种程度上忽略了城市的接纳度。无论在就业类型上还是在城市规模上，我国城市都有着比想象中更大的容量和更多的层级。不仅如此，即使某些特大城市通过房价和政策实现了对人口规模的控制乃至压缩，这些从城市流出的人口也未必会回流到乡村——中国社会内部有着巨大的差异性，这些从一线城市流出的人口完全可以也可能流向原来的二、三线城市。

在这里，我无意从公共政策的角度来对这个问题给出对策建议，反而想在这里分享我在一次田野调查中的所见所闻。前几年，我曾经在陕西省某县的几个村庄进行田野调查，调查的主题是这几个村庄的脱贫问题。在调研过程中，有一个村庄给我留下了非常深刻的印象。这个村庄位于大山深处，但是它有两家村办集体企业，我们还在调查中发现，这两家村办集体企业不仅不是“空壳”，而且是具备较强赢利能力的、从事实业的集体企业。这个村庄的另一个特点便是，村里很多中青年劳动力不是自己种田，就是在村办企业上班，形成了一幅欣欣向荣的景象，并未陷入其他地方普遍出现的空心化状态。在调研中，我们还有一个发现，那就是这个村庄中有一所设施非常现代化，规模也不小的村小学。当我们问起这所学校的情况时，村支书说这是他们举全村之力办的学校，之所以在一个规模不大的村庄里付出如此之大的努力办这所村小学，除了重视教育，还有另外的考量：在他们看来，在撤点并校、人口流失的情况下，办好自己的村小学，能够最大限度地把自己村庄的孩子以及周围村庄的孩子吸引到本村上学，而学生家长也可以在本村找到效益较好的实体企业工作，这样就能吸引成年劳动力留在村庄，在真正意义上应对了乡村空心化的潜在风险。

我在这里提到这个例子，并不是说这个例子具有多么强的可复制性和可推广性，而是想强调，尽管流动性增强是现代社会的本质特征，但是这并不意味着乡村就会彻底地空心化，特别是对于一个有着深厚历史文化传统，同时又存在着高度异质性的超大规模共同体来说，完全可以考虑如何避免出现极端空心化现象，而这一问题的真正焦点，就在于人的扎根。

我国著名社会学家费孝通先生写过一本名为《江村经济》的书，这本书是对新中国成立前我国长江三角洲地区一个村庄的经济模式、社会结构的全方位调查。他在对乡村社会中的产业类型、耕作模式、土地制度、信贷情况等进行分析之后，明确写道："最终解决中国土地问题的办法不在于紧缩农民的开支而应该增加农民的收入。因此，让我再重申一遍，恢复农村企业是根本的措施。"[60]实际上，费孝通的基本观点可以用"离土不离乡"和"乡村工业化"这十个字来概括。在他看来，乡村是中国社会的关键所在，因为它不仅关乎粮食生产，还关系到大量人口的安居乐业，也关系到一个社会的内在伦理秩序。由此，他提出了"有农则稳，无工不富，无商不活，有智则进"的关于乡村的总体设想。[61]仔细想来，这不正是应对乡村空心化的最本质的方式吗?

山林：水泥森林的乌托邦

在日常生活世界，一方面，我们可以感受到很多乡村处在一个空心化的状态中；另一方面，我们能感受到都市人对乡村和田园的向往，以及资本对乡村与山水的青睐。

抛开将乡村纳入城镇化这一过程所带来的房地产开发利益不谈，近年来，至少在新冠疫情暴发之前，资本对乡村的青睐体现在旅游上，特别是民宿行业成为热点。根据《民宿蓝皮书：中国民宿发展报告（2020～2021）》，乡村民宿在整体民宿行业中占据着一定的比重，并且呈现持续升温的状况。截至 2020 年，有 76.91% 的民宿位于乡村地区[62]，而 2020 年 9 月 29 日，国家市场监督管理总局与国家标准化管理委员会还联合发布了《乡村民宿服务质量规范》国家标准，该标准以浙江德清乡村民宿的地方标准为底本，在设施设备、安全管理、环境卫生、服务要求等方面提出了更详细的规定。

那么，为什么民宿行业会在一段时间之内得到快速发展与增长呢？为什么很多现代人将自己的旅行出行目的地定在乡村、田园和山林呢？为什么很多人出行的住宿选择不是酒店而是民宿呢？

“跟风旅行”那一章讨论过为什么现代人心中总有一个如同白月光般的远方目的地，在这里，让我们尝试更具体地讨论一下，为什么很多城市人将乡村与田园作为自己心中的“远方”？他们究竟在期待什么？乡村对于他们又意味着什么？

现在的乡村民宿，有的面朝大海，有的建于森林，有的栖于山谷，总之都离不开“自然”二字。这是很容易理解的表层动因——对生活在快节奏、高强度状态之中的城市人来说，除了高度“内卷”所带来的身心疲惫，长时间生活在水泥森林中也会让自己感到与自然渐行渐远。因此，人们迫切地期待着自然气息、田园风光、乡野美食，希望能够在原生态的地方降低自己身上附着的工业性和现代性，唤醒生命中的“自然”部分。

此外，在心态上，相较于现代城市生活，乡村生活及乡村社会往往留给人“淳朴”“善良”“好客”等印象，在一般意义上，中国的乡村社会是一个“熟人社会”，邻里间彼此熟络，互相照应，乡土的自然气息中流出脉脉温情，不断抚平着城市人的孤独。应该说，现代性塑造了城市这样一个“钢铁盒子”，城市人生活在水泥森林中，人与人之间更多依靠契约、法律等一系列外部性规定来约束自我的行为，也就此形成了现代文明。他们以科学、理性为共同价值，彼此之间关系平和且界限感分明。从整体上看，相较于农村人，城市人有更高的受教育水平、更好的收入状况，在个人生活上也更加强调独立与平等，讲究卫生，相信科学。这是我们在日常生活中所形成的一种刻板印象。然而，与乡村不同的是，城市是异质性人群的聚合体，特别是在 1978 年改革开放之后，计划经济体制下的单位制开始解体，随着住房体制改革的推进以及城市房地产行业的飞速发展，越来越多的人从过去的单位大院、单位家属院中搬出来，住进了自有产权的商品房社区。住房条件虽然改善了，但是一个社区住的都是各行各业的、之前没有交集的陌生人，很多时候连邻居彼此之间都不认识。职业带来的焦虑、生活的负担以及周边陌生人世界塑造的“孤独”，都使人们产生了对乡村和田园的向往。在我看来，上述这些隐性要素，才是经济水平之外的城乡差异的本质。

或许你会认为，现在的乡村也不完全是“落后”和“脏乱差”的，也有很多干净、美丽、先进的乡村，高端民宿也都开始在乡村社会中大量出现，这难道不是城乡差异正在缩小的表现吗？实际上，随着经济社会发展水平的不断提升，我国的城乡差异呈现出正在弥合的状态。城市化的进程使城乡之间的地理边界变得越来越模糊，而随着城乡之间的人员流动越来越频繁，城乡之间在生活方式与观念认知上的差异也在弥合；更重要的是，随着互联网的普及，城乡之间在经济层面逐渐变成了联系越来越紧密的一个整体。

一到周末，只要天气晴好，出京高速就会变得异常拥堵。很多城里人会利用休假、周末等机会，自驾到郊区、乡村去享受自然，安顿心灵。然而，其中蕴含着一个问题：当乡村中满是高端民宿的时候，当城乡之间的这些形式差异越来越小的时候，城里人去乡村还能找到他们所希冀的温情与自然吗？

在我看来，乡村能够在相当长时间内成为中国社会的田园诗，承载着现代人关于美好生活的想象，很大程度上来源于它的熟人社会和乡土社会的本质属性。关于什么是“熟人社会”，费孝通在《乡土中国　生育制度　乡土重建》中这样写道：“熟悉是从时间里、多方面、经常的接触中所发生的亲密的感觉。”[63]简单来说，“孤独”的对应词是“亲密”，而这里的亲密并非仅仅指涉男女之间的亲密关系，而是指人与人之间由于共同的日常生活，甚至是没有那么多界限感的日常生活而产生的“相熟”，也就是我们经常说的“交情”“人情”。从理论上说，这与现代社会特别是城市生活中所强调的人与人之间的界限感、独立感及外部规则性是格格不入的。因此，费孝通也坦言：“‘我们大家是熟人，打个招呼就是了，还用得着多说么？’——这类的话已经成了我们现代社会的阻碍。”[64]

现代人习惯了规则，习惯了由生活的界限感塑造的“自我的空间”，却也任由“由熟而亲”的温情逐渐消逝。这些难道是可以通过去乡村旅行找回来的吗？更何况，当一栋栋有着独立卫生间、有着无线网络和现代装修风格的高端民宿矗立在乡村的时候，乡村本身也在变得越来越趋近于城市，这种趋近城市的变化过程，实际上也是界限感和由此产生的疏离感增加的过程。之所以会出现这种乡村的状态，难道不是因为我们正在将乡村作为一种“乌托邦”来加以对待吗？难道还有比“乌托邦化”更典型的空心化吗？

现代文明充满悖论与紧张，现代人也生活在纠结与自我分裂的状态中：我们总希望和他人保持着清晰的界限，不希望被冒犯、被打扰，但我们同样不希望自己处在孤独无依的状态中。当我们进入乡村，进入被资本打造的景观，进入高端的民宿、充满情调的咖啡馆的时候，我们可曾想过，这样的乡村真的可以弥合现代人的“忧伤”吗？

现代文明的另一个最大特点就是，它以进化论和进步观念重新塑造了个体的认知，在人们的脑海中，很容易形成“现代–传统”“先进–落后”“科学–蒙昧”“洁净–肮脏”的“世界图式”。人类学家玛丽·道格拉斯曾用“洁净与危险”为标题撰写了一部关于非洲部落的民族志，这本书讨论的主要是以“现代”自居的西方宗教与原始宗教的差异。她敏锐地注意到，现代西方宗教以“洁净”为自我标识，与之相对，他们认为原始宗教有很多信仰和仪式是充满“污秽”的，道格拉斯认为，这种理解方式是非常典型的现代人的“建构”。[65]这样的理解方式同样有助于我们对城乡关系、城乡差异的理解。例如混用碗筷等在很多现代人看来不卫生的习惯，可能恰恰意味着彼此之间的熟悉，很多时候，这也是温情的具体呈现。

最后，我想分享一个我自己的田野故事。我是土生土长的城市人，2008年，我第一次独立开展社会学意义上的田野调查工作，在河北省唐山市下面的一个村庄前前后后做了8个月左右的田野调查。社会学的田野调查强调“同吃同住同劳动”，当时我就住在老乡的家里。我记得，当时正值山核桃成熟，我的房东大叔从自家地里打了好多裹着青皮的核桃招待我，可当时的我完全没有见过这种外包青皮的核桃，甚至都不知道这是核桃，一时间不知所措，无从下手。房东大叔善意地调侃我：“这城里的大学生，核桃都不会剥啊！”从那一刻起，我开始意识到，所谓传统与现代的差异，城市与乡村的差异，其本质是由于生活世界的结构性要素不同而产生的知识系统的差异。于房东大叔而言，我当时是有知识的城里人，但是当我进入从未生活过的乡村的时候，我的知识其实是高度匮乏的，我不知道青皮核桃，分不清地里种的各种蔬菜，甚至我在刚进入乡村的时候，都不知道如何“驱狗”。或许，这才是城乡差异的本来面目。

乡村的空心化，不只是人的流失，而且是城乡之间在生活世界与知识系统上的又一次彼此靠近。现代人应该真正考虑的是：我们如何能够在生活世界中避免对乡村的乌托邦式理解？这或许是我们在面对乡村空心化时应该思考的元问题。

10

有家无房

房 子 与 人 生 的 关 系 是 什 么?

恒产：打工人的紧箍咒

> 民之为道也，有恒产者有恒心，无恒产者无恒心。苟无恒心，放辟邪侈，无不为已。及陷乎罪，然后从而刑之，是罔民也。焉有仁人在位罔民而可为也？是故贤君必恭俭礼下，取于民有制。阳虎曰：“为富不仁矣，为仁不富矣。”[66]

上面这段文字出自我国经典典籍《孟子》中的“滕文公上”部分。这段话的原本背景是滕文公询问孟子究竟如何治理国家，孟子便给出了这个回答。其本义大体是：治理国家的基本规律在于，如果老百姓有固定的产业，那么他们便会有一定的操守，反之，如果百姓不能安居乐业，没有自己固定的产业，那么他们便不会有操守准则。而百姓一旦没有操守准则，便会放纵自己胡作非为，什么事情都做得出来。如果到了这一步，为政者再对他们进行惩罚，那就等于陷害百姓。一个真正的仁德之士，是不会做出陷害百姓这种事情的。所以贤明的君主一定会恭俭礼让，以礼优待下属，从老百姓那里争取税收、获取财富应该有固定的制度。阳虎说："要想发财就讲不得仁爱，要想仁爱就不可能发财。"

我在本章开头引用孟子这段话，并且对这段文言文进行阐释和翻译，并不是要在这里讨论孟子的政治理念与仁政问题，而是因为"有恒产者有恒心"这句孟子在两千多年前说出的话，直到今天还在不断被我们反复引用和铭记，只不过现在我们在重复这句话的时候，往往都是在讨论一个现代人颇为关切的问题：房子。

改革开放后，整个中国社会进入了经济高速增长、社会快速发展的上升通道，层出不穷的社会热门话题被大众关注和讨论，涌现了互联网、娱乐圈、区块链、元宇宙等话题。但是这些热点问题就算"红极一时"，也没有哪个能够像中国的房地产一样，达到"万古长青"的程度。自我国从20世纪90年代开启住房的商品化改革以来，房子成为中国社会中关注人群范围最广、讨论数量最多、持续时间最长的社会议题。"高房价""温州炒房团""地王、楼王""房地产限购""放贷断供"等都曾经是被大众热议的话题。近年来，随着房地产经济的整体增速趋缓，甚至出现了房价下降、房产交易量下降的状态，而在近期，以鹤岗为代表的一些地区更是因其超出民众预期的低房价而频频登上热搜，甚至出现了"4万一套房的鹤岗，是年轻人心中的白月光"这样吸引眼球的标题。类似鹤岗这样在以往毫无知名度的"边缘小城"，成为年轻人心目中的世外桃源，其主要原因就在于超低的房价。

在过去的30年间，买房、房价、房地产这些词已经形成了一个以“房子”为核心的巨大IP（文创作品），不断刺激着每个人脆弱而敏感的神经，甚至由此衍生了一系列有关人生问题的困惑、思考与迷茫：

年轻人到底应该买房还是租房？

结婚就一定要有自己的房子吗？可以租房结婚吗？

到底应该为了梦想宁可在大城市租房打拼，还是应该为了安逸在小县城安居“躺平”？

不只如此，在《道德与法》《社会观察》之类的节目中，我们还能经常看到由于房产继承、财产分割等问题而产生的法律纠纷，而房产分割也是诸多离婚案件中的主要争议点。此外，近20年来中国社会的发展过程，既是房地产勃然兴起的过程，也是整个社会快速城镇化的过程，城市中大量的老旧房屋和平房被改造成现代化的商品房住宅，而乡村社会也完成了一场轰轰烈烈的农民上楼的历史进程，同时还在客观上促成了“拆二代”这个新名词和新群体。

我林林总总说了这么多，实际上只是想让大家有更明晰、更直观的认识，即如果挑选一个改革开放40年来的“持续顶流”关键词，那么非“房地产”莫属。围绕这个词，不知道演绎出多少悲欢离合的人生故事，它实在是一个“让人欢喜让人忧”的独特存在。

实际上，无论是在经济学界还是在社会学界，围绕房地产、土地财政、农民上楼等问题已经有了很多研究，那么，在这本书中，我要讨论什么问题呢？从底层逻辑的角度来说，我并不想围绕房地产这三个字讨论太多，而是想追问一个日常而通俗、简明而直白的问题：房子对于我们到底意味着什么？或许，这个问题的另一种表达方式是：没有房子的人生，究竟是不是失败的人生？为了对这个问题有一个整全性的回答，我们需要将这个看上去简单的问题进行拆解：

为什么中国房地产会成为在过去三十年中持续繁荣的行业？

为什么中国人对拥有不动产有执念？

有房子，就等于人生幸福和成功吗？

地产：生产链的发动机

当我们尝试回答“为什么中国房地产会成为在过去三十年中持续繁荣的行业”这个问题时，我们似乎是在做常识性的无用功，因为已经有太多新闻分析、行业观察及学术研究围绕这个问题展开过详细的讨论。为避免过度重复，我们不妨先来看一组直观的数据。

根据国家统计局的相关数据，2011—2020 年，我国商品房全国均价从 5 379 元 / 平方米涨到了 9 860 元 / 平方米，而仔细来看，全国已经有 77 个城市的房价突破了万元大关，103 个县的房价超过万元。如果我们把这个数字的时间轴拉得更长，延长至 1999 年，我们就会发现，全国商品房的平均价格是从 1 843 元 / 平方米开始涨起来的。[67]

尽管近两年随着相关房地产调控政策的出台，整个房地产行业在降温，甚至一些地方和房企出现了债务危机，但是整个房地产作为“刚需品”房屋的提供者和制造者，依然具有极强的辐射与影响力度。那么，人类用来居住的房屋，究竟是如何变成热门行业乃至支柱产业的？为什么它会具有如此大的效能呢？

中国社会中出现“商品房”这种房屋形态，最早可以追溯到 1987 年。当年 12 月 1 日，正处在改革开放进程中的中国，首次以公开拍卖的方式有偿转让国有土地使用权，深圳经济特区房地产公司［现名为深圳经济特区房地产（集团）股份有限公司］原总经理骆锦星举起 11 号牌，赢得中国土地“第一拍”，并随后建成了中国第一个商品房小区——东湖丽苑。[68] 之所以要提起这段“冷知识”，是因为这是一个重要的标志——这意味着房屋第一次在中国以“商品”而非“福利品”的方式出现，从这个层面来讲，这个历史标的物的出现，意味着整个社会生活逻辑的转变。

在计划经济时代，房屋对中国人来说也是刚需品，但是这个刚需品处于供给制的状态中，在当时的乡村生活中，由于有宅基地的存在和土地的集体所有制度，因此农民的住房不是容易引起焦虑的问题，而同时期城市人的住房则是由自己所在的工作单位供给和保障的。正如很多研究者所指出的，单位及“单位制”是中国社会中的独特现象，单位既是具备专属职能的生产部门，同时也是将社会组织起来的重要工具，更是对有限的资源进行再分配的重要机制。[69] 在资源短缺的计划经济时代，住房作为福利和资源，是单位按照一定的条件统一供给和分配的，对大多数人来说，分配到的住房有大小优劣之别，但是并不存在有无之分，只要能够“熬年头”，到最后大概率都能分到一套用于居住但是不能买卖的房屋。然而，随着住房的商品化改革，房子成为商品，是由市场完成供给的，而这种供给的实现需要依赖人们用货币进行购买。不仅如此，房屋的商品化还意味着它可以被出售——这里的出售不仅指房地产开发商的销售，也包括二手房交易。由此，商品化的房屋很快具备了货币化的属性，这个货币化的属性具有极强的“魔力”。德国社会学家齐美尔在其名著《货币哲学》中指出，现代人的群体性精神气质是被货币刻画的，整个现代社会的一个重要底层逻辑和鲜明特征便是由货币的大范围流通带来的——货币从绝对手段变成了绝对目的。[70] 在这个意义上，在市场经济的框架下，具有了货币属性的住房实质上也已经从绝对手段变成绝对目的。房子其实只是人类生活的工具而已，但在现实中，它变成了人生的目的，许多人奋斗打拼一辈子，只是为了拥有一套属于自己的房屋。

商品化与货币化还无法完整刻画房地产的特征，它的第三个特征是金融化。房地产的几乎所有环节都离不开金融。无论是土地的拍卖、建筑施工，还是房屋的出售和二手房的交易，都高度依赖金融工具，深深嵌套在金融系统之中。不仅如此，有了金融工具这个巨大的推动力，房地产的发动机效果就可以完全实现：它关乎钢筋、水泥、建材、家居、建筑、装修等无数上下游产业，还关联着市政公路、城市景观、度假旅游等一系列行业的发展，更关系到一个城市的 GDP（国内生产总值）水平、城市化程度、地方政府的政绩等。在这个意义上，几乎从未有哪个行业能够像房地产这样，撬动如此多的行业。当一座座高楼在城市中拔地而起的时候，它既吞噬着财富、透支着未来，又在客观上源源不断地提供就业岗位，提升经济活力。周飞舟在他的研究中认为，中国房地产行业和建筑业的兴起，与 1994 年的分税制改革有紧密关联。建筑业、房地产业的税收是地方政府预算收入的支柱，随着土地开发、房地产的兴起，政府的财政实力会不断增强，而其收入的增长又会进一步扩大融资规模和征地规模，因此，土地收入、银行贷款、城市建设、征地形成了一个不断滚动增长的循环过程。而这种发展模式，是土地、财政、金融“三位一体”的发展模式[71]，房地产在其中扮演着重要的角色。

衣食住行是中国人常说的四大生活必需品，“衣食行”这三项尽管重要，但都不具备“住”在中国社会中所具有的商品化、货币化与金融化特征，更不具备“住”所具备的经济发动机效应。在这个意义上，我们才能理解房子是如何构成现代社会中生产链的发动机的。

异乡：工具人的储藏箱

前文只是用相对简单的语言和简化的逻辑对房地产在经济链条中的结构性位置做了讨论，在某种意义上，这只回答了开头提到的“为什么中国房地产会成为在过去三十年中持续繁荣的行业”这个问题。接下来，我们尝试回答一下“为什么中国人对拥有不动产有执念”这个问题。与此同时，我们还需要一并讨论的是，在真实的生活世界中，房子与家之间的关系究竟是什么。

没有房子的人生是失败的人生吗？这可能是萦绕在很多打

工人心头的问题，它就像一个总会在耳边响起的声音，不断考验着现代人的心理耐受力。实际上，在这个问题背后更具本质性的问题在于，房子与家究竟是何种关系。

以日常生活的经验来看，没有房子的人生当然是失败的人生。因为没有自己的不动产，我们似乎很难在生活中建立安全感和确定性：我们要看房东的眼色行事，会陷入不断搬家的境地，甚至居无定所这种极端状况也有可能会出现。不仅如此，没有房子还会影响子女上学，影响个人所得到的社会评价——究竟是有产者还是无产者，因为有没有自己的房子、有什么样的房子，甚至比其他消费品和奢侈品更能够成为一个人的社会身份标识。这些都是并不难理解的常识性体验。但是，这就足够回答那些疑问了吗？

或许，我们还可以给出“有恒产者有恒心”、中国人一直有着“安土重迁”的观念等答案。在这个语境下的“有恒产者有恒心”，实质上是按照马斯洛需求理论的逻辑做的理解——房子是人最基本的需求，只有得到这方面的满足才能再谈更高层次的需求；“安土重迁”这种解释，实际上约等于用A解释A，是一种对具体问题的抽象回答，因为它有一个前置性问题：究竟该如何理解“安土”？究竟什么是“安”，“安”又为什么要建立在“土”上？

在我看来，在现代社会中，房子与家的关系无外乎四种：有房有家，有房无家，无房有家，无房无家。

实际上，在上述四种关系类型中，有房有家和无房无家是最容易理解的，如果我们将幸福感这种主观心态看作光谱，那么有房有家和无房无家毫无疑问处于光谱的两端。有房有家是绝对意义上的幸福美满，无房无家则是绝对意义上的人生凄惨，而中间两种类型似乎边界模糊且不易理解。

实际上，有家无房的状态不必过多阐释，因为无论在各种媒介上，还是在日常生活中，我们都会听到、看到类似的新闻，比如“租房的人生一样幸福”这样会被认为是“鸡汤”的故事。这里不对有家无房的状态做过多阐述，不是因为它在现实中不存在，而是因为有家无房的状态实际上存在很大的个体性差异，每个身处其中的当事人恐怕都有着不同的人生故事。

我们重点来讨论一下有房无家这种略显离奇但实则非常普遍的状态。

有房就约等于有家了，或者说，有房是有家的前提，这已经成为很多人的观念中关于现代生活的“默认值”。然而，现实的状况是，很多人买了自己的不动产——哪怕是全款买房或者房贷压力根本不大——却在现代生活节奏中把房子住成了旅店，而不是当成家。

现在，一方面，生活节奏的强度给人空前的压迫感；另一方面，大多数人的生活高度流程化。对最广大的人群来说，不论是有房还是没房，不论是进出写字楼的“金融民工”还是体力劳动者，大家都是被困在系统中的打工人。外卖骑手为了抢单奔波，精英白领为了 KPI 加班奔命，高校学生为了学分绩点成为“卷王”，青年教师为了发表论文脱发。各行各业都逐渐形成了疯狂加班的“内卷文化”。仔细想一下，一个收入处于所在城市平均工资水平的人，每天又有多少个小时能够待在自己的房子里呢？如果再算上一线城市非常可观的通勤时间，每天能有 8 个小时待在自己的房间里就已经足够幸运了。如果我们将自己暂时拉回疫情来临之前，那个时候，各地的高铁站、飞机场几乎每天都人流如织，大家行色匆匆，要么在赶往下一个出差目的地，要么准备开启一场“人生中不得不去的旅行”。在这样的情况下，一年之中或者一个月之中，又有多少人能安安稳稳窝在自己的小天地里面呢？在很多关于房价的讨论中，一个重要的测量指标便是前文提到的收入 / 房价比，但在我看来，如果可以，不妨测算一下房价 / 时间比，这里的时间是指每个产权人每年在自己的房产住所居住的时间。如果我们排除疫情这个突发变量，恐怕很多人会发现，自己做了一笔非常不划算的买卖。

从本质上说，现代人的基本生活状况就是“被剥夺”和“被侵占”的状态——这并不是马克思经典意义上的剥削，而是一种全方位的、由表及里的被剥夺状态。现代人不仅在生产结构中处于劣势地位，还被生产资料占有者无情地榨取着剩余价值，时间和精力也被无限侵蚀。当一个人拖着职场带给自己的满身疲惫回到家中，面对唠叨或者坐在一旁只知道玩游戏的伴侣，还要面对辅导孩子作业这项足以令人血压飙升的工作时，他会有一种怎样的生命体验呢？

现代人的生活，往严酷了说，就是一场不折不扣的战争。在这场战争中，伴侣关系和家人关系更多地变成了一种合作关系和战友关系，而一旦遇到了“猪队友”，合作关系就会呈现出“在斗争中求合作”的紧张状态。

以上种种，从本质而言，都是对“家”的最本质内涵无声而又无情的侵蚀。因此，现代人必须承认和面对的残酷事实在于：我们时常不得不面对有房无家的状态——不论你的房子是买的还是租的。不过，这就涉及一个关键的元问题：何以为家？

家园：现代人的元命题

提起“家”这个字，人们恐怕会有无数种阐释，它也是社会学研究者理论上最应该熟悉的概念，因为家庭是人类社会中最普遍的群体类型。翻开任何一本家庭社会学或者社会学概论的教科书，我们几乎都会发现上面写有“家庭是社会的最基础细胞”这样的话语。然而，在我看来，“家”的实质社会内涵远比教科书上写的丰富。

以当下的普遍眼光来看，所谓“家”和“家庭”，不外乎两个要素，一个是血缘关系，一个是财产关系，这两个要素无论是在传统时代还是在现代社会，都是理解“家”的重要角度。但是，现代人忘记了一点，那就是血缘也好，财产也罢，都只是理解“家”这个字及其衍生词语的表层。家的本质是长时间的共同生活与生命体验，以及在此基础上衍生的习惯、伦理与情感。

钱穆在《国史大纲》的开篇这样写道：“所谓对其本国已往历史略有所知者，尤必附随一种对其本国已往历史之温情与敬意。”[72] 尽管这句话是在讲历史，但是温情与敬意这两个词对于我们理解家的形态及其衍生的一系列问题，依然有巨大的帮助。

何谓温情与敬意？温情何在？敬意何来？

这两个词并没有这么难以理解。于大多数人而言，所谓家，便是充满温情的地方，它之所以充满温情，并不完全是因为父母是给予你生物学生命的人，而是因为你和你的家庭、你的家乡有着一段相当长时间的共同生活经历，正是因为有了共同的生活经历，哪怕这些经历中爱恨交织、悲喜交加，也不妨碍基于真实生活体验的对家和家人的那种斩不断的脉脉温情。有了具备真实基础的温情，那么敬意的产生就是自然而然的事情。当然，这里所讲的敬意并不是表面的恭敬和形式化的服从，而是来自内在的情感。

举个很简单的例子，网络上曾经有一句很经典的话：“母校是什么？母校就是只能我自己说它不好，别人不许说它不好的地方。”实际上，家和母校在这个意义上属于同一范畴。我们对家、对母校既不是无原则地服从，也不是无脑地批判。这大概就是对温情与敬意的通俗理解。

在中国社会的历史脉络中，家不只意味着这种温情，在它的本质性构成要素中，还有伦理。所谓伦理，用最直白的话来讲，就是人与人之间的关系，如果我们从纯粹的知识角度来看，中国社会中的伦理，其本体就是家的关系及其扩展。父慈子孝、兄友弟恭，这些儒家传统伦理现在看来或许带有“封建家长制”的色彩，但是在不对其进行简单的价值评判的情况下，这几个字实质上是在讲人与人之间的关系。更有趣的是，在中国社会的运行机制中，“五伦”中的君臣与朋友，也可以被看作“家”逻辑的拓展：君臣是父子的拓展，朋友是兄弟的拓展。费孝通在研究中国传统社会的治理机制时，曾经提出“双轨政治”的概念。简单来说，中国传统社会的治理，有自上而下的君主权力和自下而上的乡绅权力两条轨道，因为交通、技术等的限制，传统社会中自上而下的君主权力只执行到郡县中的“县”一级，而县以下的地方长时间以来以民间社会的士绅为中心实行着某种意义上的“自治”。[73]更值得注意的是，这两轨之间是有着天然纽带的，这根纽带便是上面讲到的伦理——无论是君主还是庶民，都共享着一套意义系统和伦理系统，也就是共享着家的内在逻辑。

伦理通过“四书五经”成为书面化的表达和知识系统，更是人们在日常生活中共同认可的生活规范，这些规范不只停留在口头宣讲和文章辞藻中，还会变成个体在日常生活中的习惯。因此，当我们讨论“家”这个字的时候，我们不能只停留在财产和血缘乃至DNA（脱氧核糖核酸）层面，而要看到真正意义上的家是一种对共同生活的人、共同生活的地方的归属感。如果说归属感这个词有点儿模糊和抽象，那么这种归属感的基础是共同的生活经历，并由此而产生的习惯、伦理与情感，它镌刻在个体的生命中，是在绵长而真实的历史中慢慢堆积和生长的。因为是刻在日常生活中的习惯，所以关于家的观念、情感甚至执念一直留在我们的骨血中，这才是家园的本质。

在高度流动性、高度异质性及高度流程化的现代社会生活节奏中，真正对我们的生活构成挑战的，恐怕并不只是包括房子在内的经济压力，它在很大程度上割裂了我们与家园的关联，限制了我们对家园的理解。

一方面，现代社会由于其高度流动性和异质性的特征，天然具有“外部性”特征。这里所说的外部性是指现代个体更多依靠各种外部性关系来形成人与人之间的秩序。无论是法律还是契约，都属于外部性关系，它们是依据人的行为做出的裁断，也是对人的行为进行的裁断，至于内心如何、道德高低、情感亲疏，实际上并不在这些外部性关系的考量范畴之内。或者说，法律主要依据行为进行裁断，至于行为背后深层次的动机问题，法律尽管会予以考量，但是由于动机本身在终极意义上的不可验证性而只是将其作为参考。这就是所谓“外部性”。在现实社会的生活世界中，人类秩序的很多领域从逻辑上看属于“法外之地”，例如我们经常说“清官难断家务事”，究竟“难断”在哪里呢？难就难在很长的历史时期内，家并不是讲“理”的地方，家是由包括情感、价值、伦理等在内的“内部性要素”所构造的，是充满温暖与人情的。然而进入现代之后，法律开始越来越介入家庭生活，无论是夫妻间的婚姻问题，还是父母子女代际的财产继承问题，都已经属于法律裁定的范畴，这固然是现代性的“进步”。然而，如果我们换个角度来看，以最为常见的财产继承中的官司为例，兄弟姐妹围绕父母的财产分割问题对簿公堂，无论孰是孰非，进入司法程序的那一刻，实质上宣告着伦理意义上的温情脉脉的“家”的瓦解。

另一方面，现代社会的时空节奏使每个人都处在悬浮的、难以附着的状态中。我们跟家的关系、跟自己所住的房子的关系、跟自己生活的社区和城市的关系，都处在一种事实上的悬浮状态中。不论如何变化，人类作为社会生物的自然规律是：归属感和内生性情感、伦理关系的生成最主要需要的是时间，时间可以让共同经历成为习惯，以此产生情感与伦理。然而，时间对大多数现代人来说恰恰是不折不扣的奢侈品，属于自己的时间更是奢侈品中的稀缺品。在这个意义上，越是日常生活中天天相见的人，越是日常生活中天天居住的房子，就越朝着纯粹功能化的方向演进，而越来越难以形成非功能化的内在关联。由此，当我们探讨家与房子的关系时，我们真正面对的时代课题是：如何在现代生活中重建真实的“家”？

第三部分

空心的个体

11

象牙之塔

教育行业是如何变成来料加工产业的?

悠闲：一个美好而残酷的误会

在成为一名大学教师之后，我面对下面两个问题经常欲言又止、愁苦万分。

第一个问题：你们大学老师是不是特别轻松啊？不用坐班，上完课就走，时间都是自己的，真让人羡慕。

第二个问题：你们大学老师上课是不是也很轻松啊？因为高校和高中不一样，没有高考的压力，大学生的学习就那么回事。

这两个问题，其实是社会大众美好而残酷的误会。

我们先来看第一个问题。从表面上看，大学老师确实不用坐班，到学校上完课就可以回家了，一个高校老师一个学期多则四五门课，少则一两门课，甚至可以一学期都没有课。这样的工作，相比于动辄“996”，甚至“007”的困在系统里的打工一族来说，简直就是可望而不可即的天堂。但是我们先来看看下面这则新闻。

2021 年 6 月 7 日下午，东部某高校的一名教师持刀杀害了所在学院的党委书记。这件事在网络上引发了大量讨论，很多媒体都对此进行了深入的报道与分析，同时引发了对当下高校“非升即走”制度的广泛热议。所谓非升即走，是当下部分国内高校的一种绩效制度与职称人事制度。一个博士（或者博士后）在其毕业或者出站后进入高校成为一名“青椒”（青年教师）之日起，头上便悬着一柄名为“非升即走”的达摩克利斯之剑。在合同约定的年限之内，除了完成一定的教学任务，还要发表若干篇学术论文，并要成为国家级或者省部级研究课题的主持人。不仅如此，“青椒”往往还要担任班主任，甚至有的高校会要求新入职的教师承担半年到一年的行政工作。只有在规定期限内完成这些 KPI，达到所在单位副教授职称的要求，才能继续在原单位工作，并且升职为副教授。如果达不到，那么只能自行离职，另寻出路。一些媒体披露，上述新闻中出现的悲剧，就和非升即走带给教师的强大压力有关。所以，悠闲是对高校教师这个职业的最大误解。这个群体看上去不用坐班，但是永远在工作状态，因为在当今的大学体制中，每个人无时无刻不在想着怎样能发论文，怎样可以完成 KPI。

第二个问题认为大学老师上课看上去很轻松，反正学生也很自由，上课就那么回事。要明白为什么这个问题也是误会，我们不妨来做一次“知识考古”。如今，“内卷”“卷王”“太卷了”已经成为流行语，那么，大家知道“内卷”这个原本是学术概念的词语是如何成为流行语的吗？大概在 2021 年，一张某知名高校学生边骑车边用笔记本电脑做 PPT（演示文稿）的照片霸屏朋友圈，也由此将“内卷”这个学术概念引入大众视野，“卷王”一词也应运而生。学习刻苦到如此程度，难道不是好事吗？实际上，一张照片所引发的互联网现象，并非针对刻苦学习本身，也非针对照片中的主人公，而是在喟叹“学习的本质”这一“哲学问题”。实际上，由于就业压力日趋增大，在高等教育中“拼绩点”“拼奖项”，进而“拼简历”的情况非常普遍。不仅如此，还有大量的学生涌入考研队伍，2022 年的考研人数达到了 457 万，“上岸率”不到 25%。以上种种，都在客观上促进了“卷王”的诞生。

或许你会说，大学不再轻松，不再放水，竞争严格，从而倒逼学生刻苦学习，这不是一件好事吗？这个想法过于简单了。试想一下，一个十几岁的年轻人，在千军万马过独木桥的高考后进入了大学，又往往根据“哪个专业更好找工作”的“有用性”判断并选择了一个专业，在进入大学后，突然发现自己并不喜欢这个专业。于是，大学的专业教育和儿童时期的各种“兴趣教育”有了诸多类似之处，它们最大的共同点就是都距离兴趣越来越远，所有学习的内容和动力，都来自对有用性的执念与对概率论的无意识痴迷。如果说“学习”两个字的本质属性是对基于兴趣而产生的好奇心和求知欲的满足，那么“人人皆卷王”的大学生已经变成了为绩点而竞争的“工具人”，而学术的本质属性是回应真正的学术问题，也已经异化成了围绕发表量和各种课题立项而展开的“鱿鱼游戏”。我们可以用“功利”“效用”等各种大家可以想到的词语作为对这一现象的解释，但是在我看来，还有更深层次的原因需要被揭示，那就是如今的高校乃至教育行业，已经越发具有来料加工行业的特征。

加工：一个吊诡而残忍的现实

教育和来料加工行业，一个是脑力劳动，一个是体力劳动，这两个看上去八竿子打不着的东西，怎么会具有共同特征呢？我们不妨来还原一下一个大学生的“校园生命史”：一个学生进入高校，首先会拿到一个叫作“培养方案”的东西，这里面规定了上多少门课，其中包括多少门必修课、多少门选修课、多少门实践课，再完成其他诸如军训、实习、志愿服务、学年论文、毕业论文等的考核要求，就可以成为一名合格的毕业生，拿到毕业证与学位证，进而把自己放在就业市场中去寻找工作机会。

如果一个学生在培养方案这个复杂而精确的系统中高质量地完成了所有环节上的任务，并且排在前3%或者前5%，那又意味着什么呢？这意味着学生无论是在找工作还是继续深造的过程中，都处在一个比他人更有优势的位置上，换句话说，就是有更大的概率遇到日渐稀缺的“机会”。学生如此，高校教师的状态呢？他们从签订工作合同的那一天开始，就已经知道在未来的一个聘期里需要上多少门课，拿到多少课题，发多少论文，写多少专著，承担多少课外实践工作和行政工作。简单来说，无论是学生还是老师，都面临着一场旷日持久的“数字竞赛”，而那些数字背后的实质意义却渐渐地没人关注。

为什么会这样呢？我们不妨把审视这个问题的镜头再加长一些。对现在的高校来说，有两件事是非常重要的，一是高考后的招生环节，二是每年的招聘环节。高考后的招生环节近年来越来越白热化，因为衡量一所学校的重要指标就是优秀生源率。为什么要抢优秀生源呢？这就好比工厂希望找到好的原料，如果招生是整个生产链条的开端，那么毕业则是该链条的末端。在如今的高校评价体系中，“毕业生质量”是一个重要的测评维度，这里面又有几重标准，比如就业率的高低、毕业生若干年内的薪酬、是否有杰出校友、用人单位的反馈评价。

如果用还原论的思维来看待上述社会事实，我们就会发现，这是一个典型的来料加工行业的特征：在生产开端要抢到最好的原料，因为有好的原料就有更大的概率出产更优质的产品，自然也就可以有更大的销路与市场（就业率）。那么，如何能够让这些优质的“原料”在整个过程中“物尽其用”呢？那就是设计一整套精细化的管理（激励）机制，这套机制使每个“原料”都相信，只要高质量地完成其中的每个环节，自己就可以成为“合格品”，甚至是“优质品”，从而有更大的概率找到自己的“买家”。

实际上，上述来料加工的逻辑亦是我们理解高校“抢师资大战”的底层逻辑。在高校间、学科间竞争日趋激烈的情况下，高校教师群体也是某种意义上的“原料”：招聘时的“985”“211”“双一流”这些标签，或者是海外名校博士等门槛，以及琳琅满目的课题要求与奖励要求，本质上都是在给“原料”做分类式明码标价。与学生不同，这些“原料”的最终“成品形态”并不是毕业，而是能否完成工作合同中的诸多要求，达到那些要求的“原料”，就意味着已经变成了“合格产品”，如果超额完成，那么就是“优质产品”，但如果你不幸没有完成，那就会很容易被系统识别为某种“不合格品”。在整个过程中，还会有多种考核、培训和激励机制来防止“躺平”，以实现“品控”。

高校为什么会具有这种来料加工的特质呢？这种特质又会产生怎样的影响和非意图后果呢？

系统：一个非意图后果的现场

关于上述现象的成因，我们很容易给出表面化的解释，比如整个社会的功利化取向在教育系统内的延伸。诚然，我们无法说这种解释错了，但是，上述现象是复杂的现代社会的一部分，单纯用“功利化”取向解释有点儿片面。实际上，这和整个现代社会的特质有着密切关联。

现代社会有着怎样的特征呢？著名的社会学家马克斯·韦伯曾经将人类的行动分为两种，一种是工具理性行动，一种是价值理性行动。前者是指以明确的有用性为目的，被个体做理性计算后得出的最符合成本/收益原则的行动，后者则是指由于坚定地相信某一行动所具有的价值属性而采取的不计成本的行动，它超越了单纯“效用”的逻辑。

举个很简单的例子，一个学生在盲目选择“热门而有用”的专业并学习一段时间后，发现自己对它毫无兴趣，很希望转到另一个自己很感兴趣但很冷门的专业中去，他敢于做出这样的抉择吗？同样地，一个学者是否可以只为了自己关心的学术问题而做研究、写文章，而不考虑KPI考评和发表文章的数量呢？在这里，我们并不是要追问某个体的行动选择是否功利化，而是要去探求整个大学制度所呈现的“制度倾向”背后的逻辑。

另一位社会学的奠基人、法国社会学家涂尔干曾经写了一本名为《社会分工论》的书。简单来说，人类从传统社会进入现代社会的一个最大的变化，就是整个社会领域的职业分化愈加细密，社会分工系统愈加复杂，职业门类日益多样。在此基础上，整个社会对专业化的要求日益凸显。涂尔干将这种基于职业分工形成的人与人组成社会的联结方式称为“有机团结”。[74]在一个“有机团结”的社会中，人类不仅依靠职业来满足自己的基本生计，同时也依靠职业来安顿自我的生命。是否有一技之长、是否有“吃饭的手艺”成为现代人重要的焦虑来源。由此，现代的高等教育在一定程度上脱离了古典时期的大学和学院培养人的德性、善良和品格的教育目标，而把能否培养出有专业技能的人才渐渐变成了教育的核心命题。不仅如此，大学中的学术研究也经常被这种“有用性”的衡量裹挟。

不仅如此，不论是公办高校还是私立高校，都需要一定的资源，在公办高校系统内，“就业率”“学术研究成果的转化率”就成了高校争夺资源的重要评判标准，而在私立高校系统内，这两个指标又会成为吸引乃至制造资源的重要标志。由此，我们也就不难理解高校具有的来料加工行业特质的社会基础了。

讲到这里，我们还忽略的一个问题是，现代社会的一个重要特征就是它对现代人的平等性的承诺。然而，需要注意的是，这种承诺实际上只是一种机会平等意义上的承诺，因为每个人都有着自己在出生时无法决定的先赋性差异——有的人天生聪明，有的人生来愚钝，有的人出生在商界精英的家庭，有的人则出生在社会底层。现代社会为了弥合这种天然的先赋性差异，往往会高度重视教育，因为教育往往被认为是弥合出身不平等的重要机制。[75] 在这样的情况下，当越来越多的人尝试通过教育来改变命运时，教育系统内的“内卷”就不可避免地发生了，而这种内卷还是以“有用性”作为重要导向的。

一个具有来料加工行业特征的高校系统，也就在一系列非意图后果的综合作用下，披着光鲜亮丽的外衣，堂而皇之地诞生了。

异化：一个时代和命运的课题

卡尔·马克思曾经提出了一个极具洞察力的概念，叫作“人的异化”。套用马克思的说法，我们会发现，现代社会中的教育系统也已经发生了很大程度的异化。学生追求绩点及其所带来的概率，学者追求发表及其所带来的升迁，学校追求数值及其所带来的资源，在很大程度上，这个环节中的每个人都被异化了。

实际上，这种现象恐怕不仅停留在高校，也不局限于教育领域，而是一个几乎在大多数行业领域内都可以见到的普遍趋势。人被异化成了“物”，究其本质，这意味着对现代社会中的教育系统而言，“人才”是比“人”更具有优先级的存在。大家不妨去想一个问题：对大学教育来说，究竟是培养“人”更重要，还是培养“人才”更重要？

人才是强调人作为系统零件的有用性的存在，人则是作为“高级动物”的整全性的存在。前者并不难理解，难以理解的是后者，也就是人的整全性。所谓整全性，是指人本身的道德、价值、情感、理念、兴趣，也指一个人作为社会性动物所具有的理解他人、与他人相处、与自己和解的能力，还包括健康地理解成功、合宜地接纳失败的品性，而这些恰恰不是可以通过竞争性的考试和选拔机制实现的。

然而，这个围绕人才设计和运行的现代教育系统，却在最大限度上默默鼓励着人对单纯有用性的追求。实际上，这是现代社会的最吊诡之处。现代文明的现实基础来源于技术革命之后的工业化进程，而工业化的核心特征则是标准化、流程化、可测量化、批量生产能力与效率最大化。工业化逻辑具有极强的可复制性，因为它最大限度地迎合了人类趋利避害、追求成本 / 收益的理性人本性。但我们不妨想一下，这种工业逻辑的跨领域扩张会有什么问题？

我们都知道，一个工业产品如果不合格，我们一定可以倒追得知究竟是哪个生产环节出了问题。但是教育行业可以按照这样的逻辑进行倒追吗？如果将教育看作生产人才的一套流程，那么一个人犯了法、被判了刑，我们可以进行倒追吗？他犯法是因为大学、中学、小学甚至幼儿园的某门课没有上好吗？我们会发现，作为产品而存在的毕业生，是无法在这个意义上被精准还原的。因为人终究不是物，也不是没有情感、没有性格的学习机器或者工作机器。失去了对自己所学的专业和所从事的工作的兴趣，无论是学生还是老师，都很容易将生活演变成一场“表演学习”及“表演科研”的竞逐游戏。

马克斯·韦伯在其名著《新教伦理与资本主义精神》的结尾喟叹："专家没有灵魂，纵欲者没有心肝。"[76]韦伯的喟叹并不是具体针对某个人所展开的批判，这里所说的"专家"，实际上是对每个现代人的隐喻，这里所说的"没有灵魂"，是指人之为人的整全性被不断蚕食，越发只剩下有用性的单一面向。韦伯所讲的，是对现代文明即将陷入"工具理性的铁笼"做出的时代预言。

现代大学正在缓慢走向死亡吗？面对这个问题，我其实并没有答案，我只是觉得，在韦伯去世 100 多年后的今天，我们依然面对着他所提出的命题。如何让教育走出来料加工行业？这是个没有标准答案的问题，但找回人的整全性，恐怕是现代人必须勇敢迈出的一步。

12

物欲横流

消 费 主 义 是 如 何 重 新 定 义“ 需 要 ” 的?

明枪-暗箭："雪糕刺客"的怪现象

2022年夏，"雪糕刺客"成为新的网络流行语，引起了社会大众的热议。所谓"雪糕刺客"，实际上就是指天价雪糕。它们动辄十几元甚至几十元，和那些几元的"普通雪糕"一起躺在商店的冰柜里。我们在炎炎夏日，不加仔细分别地随手拿起一支雪糕去结账看到价格的时候，会大吃一惊，但此时已经不好意思再放回去了。网友们感叹，这些"天价雪糕"其貌不扬，隐藏在平价雪糕之中，但当你拿起一支去付钱的时候，它的价格就像是偷偷刺了你一剑一样。

"雪糕刺客"引发争议，表面上是因为在大多数人的观感上，它根本不值这个价格，也就是我们中学课本中说过的那条政治经济学原理：商品的价格背离了价值，价格不能真实反映商品的价值。实际上，在我们的日常生活中，价格背离价值的事情几乎随处可见，比如大城市的房价，以及各种饥饿营销策略下出现的商品价格虚高。"雪糕刺客"之所以在互联网流行语的赛道中脱颖而出，是因为它所涉及的是大众日常生活消费品，而且是那种无论收入高低都消费得起的商品。

当“雪糕刺客”成为全民热议的话题乃至成为一种现象之后，无论是研究消费的专家学者还是相关的监督管理部门，都迅速行动了起来。2022 年 7 月 1 日，国家市场监督管理总局发布的《明码标价和禁止价格欺诈规定》明确指出：不标示或者显著弱化标示对消费者或者其他经营者不利的条件，诱骗消费者或者其他经营者与其进行交易属于价格欺诈行为。于是，人们在各种社交平台上欢呼雀跃：“雪糕刺客”终将无所遁形。

之所以要将“雪糕刺客”的例子放在本章的开头，是因为类似现象在当今社会生活中其实非常普遍，而且这个现象本身蕴含着现代社会中的一系列怪现象及其底层逻辑。

在当今社会生活中，消费成为主轴。“颜值经济”“银发经济”“育儿经济”，只要在“经济”前面加上一个词，就很容易变成产业和赛道，引起资本方的关注与青睐。在过去的几年中，喜茶、茶颜悦色等各种爆款先后引发全民追捧，以这种日常轻量消费为核心的“新消费”赛道异军突起，它们不仅有着自身的营销策略，也有着琳琅满目的子类品种与吸引眼球的广告包装，同时以高曝光度出现在各种短视频平台上，刺激着大众的好奇心与购买欲。当我们讨论“某某经济”的时候，一个非常重要的“潜台词”就是这种经济形态和新兴产业的产品卖得出去且销量很好。“颜值经济”就是大众为自己的容貌与身材买单，因为人们在为自己的容颜花钱时往往是心甘情愿的；“银发经济”就是围绕老年人和老龄化社会的各种需求打造产品，试图引爆消费，因为在如今的城市结构下，老年人既有能力又有意愿消费，还有足够的“焦虑”动能刺激这一群体消费；“育儿经济”则更是切实激起了“谁的孩子谁不爱”“为孩子的未来投资”“不要输在起跑线上”等为人父母的本能。上述所有概念和词语背后的现象，都是围绕撬动“消费”动能出现和扩大的。

卡尔·马克思以《资本论》这部鸿篇巨制洞悉了现代社会中工业生产与资本运行的奥秘。在马克思的笔下，现代资本主义社会运行的奥秘就凝结在复杂而规范、高效而无情、公开而隐秘的生产之中：掌握生产资料的资本家以标准化的管理合法榨取着劳动者的“剩余价值”。但是在当今社会生活中，生产似乎已经变得没那么重要，相反，消费的重要性凸显了。难道生产与消费的关系发生了倒置？这又意味着什么？

从现象上看，消费成为主题词意味着“买”东西成为每个人日常生活的主题，这在20年前的中国社会是不可想象的，因为在那时候，节约和储蓄才是人们的主要生活选择。这种转换究竟是怎么发生的？

社会生活的节奏从生产转向消费时，还会出现一系列延展性问题。比如，不同代的人对待消费的不同态度——作为80后的我的很多购买行为是无法被我的父辈理解的；又比如，当“消费主义”变成一种弥散在日常生活中的社会心态时，它会带来哪些意外后果？不仅如此，消费主导型的社会还会形成在营销机制上的高度“内卷”，短短十年，我们经历了传统电商平台的兴起、双十一和“6 · 18”等购物节的狂欢，又来到了“直播带货”的风口。琳琅满目、风格各异、或土或潮的主播占据着我们的手机屏幕，而一到购物节，各种复杂的满减“算法”的难度对成年人而言，可能丝毫不亚于奥数题目。人们不禁喟叹：为什么生活如此艰难？买个东西怎么就这么难呢？为什么到处都是明枪暗箭，让人防不胜防？

其实，在消费社会中，令人困惑不解和匪夷所思的事情远不止于此。在2022年的《脱口秀大会》中，邱瑞的一段调侃不知道击中了多少人的灵魂：

> 我们这一季的主题是“愿你快乐不止5分钟”……你想快乐个5分钟，起码得先看6分钟广告吧……我也不知道我们现在是怎么了，看到广告都觉得烦，但是看直播带货可以。那不就是5个小时的广告吗？

一方面，各种类型的广告充斥手机App，令人不胜其烦，另一方面，我们却热衷观看以“广告”为唯一内容的直播带货，这到底是为什么？二者都是刺激大家消费，都是从大家兜里掏钱，为什么会有这么大的反差呢？这就涉及消费这个主题产生的营销机制问题。

以上一连串的疑问，构成了我们对消费主义和消费社会进行检讨和解构的“初心”。

生产–消费：现代社会的双生子

正如本书的其他章节提到的那样，现代社会的来临，除了以政治哲学与价值观念上的更新与迭代为表现，还有一个重要的底层逻辑，那就是工业技术的进步使得人类具有了极大的生产能力。在传统时代，人类最大的焦虑根本不来自消费，而来源于生产的低效所造成的普遍短缺。美国人类学家詹姆斯·C. 斯科特曾引用经济学家托尼的话，描述前现代社会处境中的人的生存状况：有些农村地区人口的境况，就像一个人长久地站在齐脖深的河水中，只要涌来一阵细浪，就会陷入灭顶之灾。[77]

在前现代社会，面朝黄土背朝天的农民的日常生活存在着极大的不确定性，就算一年风调雨顺，年景不错，也总是要面对其他种种潜在的风险与不可知的未来；逐水草而居的游牧民族，同样焦虑于生产的短缺与不确定性。因此，技术的进步和工业所带来的生产力的空前提升除了给人类带来“利润”，还给人类打了一剂强心针，因为这似乎意味着丰沛的物质将会极大地提升人类的福祉。然而，1929 年爆发的资本主义社会的危机却给怀着对幸福的憧憬迈入现代进程的人类一记重拳，因为这场危机并不是生产短缺造成的，而是一场生产过剩的危机：资本方和生产方宁可将卖不出去的剩余产品浪费，也不愿意将它们分给那些还处在饥饿与短缺状态中的穷人。

在这个意义上，我们才能理解卡尔·马克思关于现代社会的洞察。《资本论》当然是一部思想深刻、论述精到的传世之作，但是它并没有很多人想象中的那么难懂。简单来说，马克思在《资本论》中揭示的一个核心问题就是现代社会中的“生产-消费”机制。马克思敏锐地看到，在现代资本主义链条和工作流水线上从事专业劳动的那些工人并不占据生产资料，他们所具有的只是基于身体产生的劳动能力。然而吊诡的是，在很多情况下，生产某种商品的人在现实生活中却无力购买该商品，这样的例子不胜枚举：在代工厂流水线上生产 iPhone（苹果智能手机）的普通工人根本消费不起 iPhone，在建筑工地上劳作整日的工人也大概率买不起自己亲手参与建造的房屋。由此，马克思才将焦点聚集在生产环节上，他从生产资料的占有与整个生产过程中揭示了剩余价值被榨取的奥秘。因此，很多人对马克思著作的阅读和理解是以“生产”两个字为核心的，即“生产关系与生产力”。然而，马克思在关于现代社会奥秘的论述中，并非不考虑消费问题，因为他敏锐地意识到，现代社会的核心问题并非仅限于人类以什么样的生产力、在什么样的生产关系条件下，能够生产多么丰沛的商品，一个更关键的问题在于，这些被生产出来的东西的生产目的本身就不是自给自足，而是通过销售获得利润，那么商品一旦无法被售出，就将变得毫无意义。

因此，商品生产者必须考虑自己的商品有多大的市场需求——各大企业的市场部随之出现了；生产者必须有自己的定价策略、销售策略和营销手段，于是，销售端开始成为企业中几乎与生产端有着同等分量的部门。同时，随着报纸、广播、电视、互联网等大众媒介的飞速发展，如何通过传媒手段获取流量与知名度，从而吸引更多的潜在消费者，也成为生产者必须考虑的问题。甚至，当生产者无力处理如此复杂的链条的时候，新的行业分化出现了——广告业也成为现代职业分工体系中的一员。商品不仅对于生产者有赚取利润的意义，还对消费者同样具有意义——消费既是维持生活的必需，也是彰显社会地位的标签，还是个人价值的某种外化呈现。

基于以上因素，马克思用“商品拜物教”[78]来描摹被消费和商品笼罩的现代人。在前现代社会中，遥远而未知的彼岸世界以宗教形态规定着人类的世俗生活；人类迈入现代社会之后，韦伯用“祛魅”、尼采用“上帝死了”来形容高度世俗化的人类社会，马克思则一针见血地指出，商品已经实质上构成了现代社会中的“宗教”，它规定着日常生活的节奏，主导着大众媒体的内容，也牵引着现代人进入“为了消费而生产”的闭环逻辑。

我们还需要了解的是，对现代国家而言，生产-消费也是不可拆分的共生状态。德国社会学家埃利亚斯在分析现代国家起源的时候，揭示了现代国家诞生的非政治逻辑。他指出，生产的发展、交通工具的进步带来了贸易范围的扩大和贸易强度的大幅提升，而现代国家也越来越通过经济贸易活动赚取利润，因此，一个国家本身的财政税收能力成为国家能力中重要的组成部分，这就要求国家必须对本国的经济状态、贸易状态有着清晰而理性的计算能力。在这个意义上，无论是国家内部的经济循环，还是国与国之间的贸易往来，都需要既有丰沛的产能，又有广阔的销售渠道；消费水平的高低、消费意愿的强弱，不只是个体或者社会的问题，也是现代国家的根本性命题。

生产–消费是现代社会的双生子，它们互为表里，互相依存，打造着光怪陆离的世界，主宰着“碌碌有为”的我们。

短缺–丰沛：中国社会的慢革命

人类再高级，也要承认自己是有限理性的动物。我们觉得人生漫长，有无限可能，但是在漫漫历史长河中，个体再长寿也只是微不足道的一瞬。因此，如果以更大的视野看待从以生产为主导到以消费为主导这个转换，我们就会发现，整个世界的现代化进程大概用了几百年的时间，但中国作为一个后发现代化国家，完成从生产到消费的转换只用了短短几十年的时间。

不知道有多少人有这样的生活经历与体验：有那么一段时间，我如果换了手机，那么回父母家的时候都不敢带着新手机，而是用旧的。为什么呢？因为我回答不了父母一辈人的“灵魂拷问”：换手机啦？是原来那个坏了吗？没坏？没坏为什么要换呢？年轻人就是不知道节省，净大手大脚。

我举这个例子，既不是要诉说自己的苦闷，也不是要控诉父母的陈旧观念，而是想说，我们和父母一辈人之间在消费观念和消费行为上的差异，并不是抽象意义上的观念和想法问题，而是我们处在不同的历史时空和代际情境之中。总体而言，80后的父辈大多是50后和60后，在他们的生命历程中的很长一段时间，中国社会处于被动的“消费抑制”状态。之所以说是被动的消费抑制状态，是因为这是具体的社会历史条件塑造的结果。

作为后发现代化国家的中国，进入现代化进程不仅迟缓，而且面临诸多条件性限制。经历了近百年艰苦卓绝的革命后，共和国的成立终于开启了独立自主探索现代化的道路。面对着当时冷战的国际形势，中国在资源短缺、技术落后的现实条件下选择优先发展重工业这一资源密集型和资本密集型行业，只能依靠高度的计划经济体制将极为有限的资源向重工业倾斜，因此不得不限制对轻工业品的投资力度，也从客观上使用价格剪刀差等政策工具在一段时间内将农产品价格限制在一定范围内，以供给制保障全民的基本粮食需求。在这样的情况下，市场机制受到极大抑制，同时由于事关人们日常生活用品的轻工业得不到发展，因此在很长时间内，我们的父辈在各种日用品上都面临着“没得选”的情况。仔细回想一下，几乎每个家庭在21世纪之前所用的床单、脸盆、饭盒、茶杯等日用品都是高度同质的产品，这并不是因为审美趋同，而是因为供给单一；不仅如此，为了保障有限的日常生活用品的分配，当时整个国家主要依靠供给制完成物资分配。而在观念领域中，“节约”“储蓄”“朴素”是当时主要的价值观念，这样的具体时空条件构成了“消费抑制”的结构性要素，实质上也塑造着父辈的消费观念。

随着1978年的改革开放，整个中国社会发生了剧烈而深刻的变化，除了经济、社会快速发展和人民日常生活水平迅速提高，还有一个非常重要的变化，那就是发生了一场“静悄悄的消费革命”。简单来说，就是从过去抑制消费的状态转变成了鼓励消费的状态。王宁将这场革命称为“从苦行者社会”到“消费者社会”的转变。[79]这场转变不只是个体消费意愿的增强、消费选择的增加和客观消费能力的提升，同时还有两个维度的底层逻辑。

一方面，国家的总体意识形态导向与制度安排发生了变化。在意识形态层面，尽管过去所宣传的“勤俭节约”“艰苦朴素”依然是意识形态内容的一部分，但鼓励人民争取过上更好的生活，提升生活质量与生活水平，也成为意识形态的组成部分，客观上对消费有巨大的激励作用。在国家的制度安排上，社会主义市场经济的建立，极大地激发了经济活力，也刺激了生产者的动能，消费者收入水平的提升又在客观上实实在在增加了消费动力。

另一方面，这场静悄悄的革命实际上也是一场观念形态上的革新。在很长一个历史时期内，无论是在东方还是西方，消费在观念上都处于被抑制的状态。世界上的几乎所有宗教都在与欲望、贪婪等一系列人性弱点做对抗，而人的欲望、贪婪等往往又都是通过奢靡和无节制的消费来实现的。韦伯的《新教伦理与资本主义精神》之所以成为学术领域中里程碑式的巨著，就是因为它敏锐地看到，经历了宗教改革的清教徒，再也不把在世俗生活中努力工作、积累财富看作一个人贪婪与虚荣的体现，而是认为这样做是在践行上帝的天职，证呈上帝的荣耀。[80]这种观念形态的变化既构成了追逐利润的资本主义社会的伦理基础，也将个人积累财富这件事从“人性恶”的观念枷锁中解放了出来。如果从这个角度来审视这场静悄悄的革命，其核心在于奠定了物质文明与精神文明在日常生活中同等重要的位置，物质文明具体体现为人们衣食住行的日常生活水准，而日常生活水准的提升则必然需要依靠消费水平的快速提升。

欲望-占有：消费主义的弥散型

> 今天，在我们的周围，存在着一种由不断增长的物、服务和物质财富所构成的惊人的消费和丰盛现象。它构成了人类自然环境中的一种根本变化。恰当地说，富裕的人们不再像过去那样受到人的包围，而是受到物的包围。根据不断上升的统计曲线显示，从复杂的家庭组织和数十个技术奴隶，一直到“城市动产”，从通讯的整个物质机器和职业活动，一直到广告中庆祝物的常见场面，从大众传媒和未成年人崇尚的隐隐约约具有强制性的小玩意中所获得的数百万个日常信息，一直到围困我们睡梦的夜间之物所提供的心理剧，他们的日常交易不再是同类人的交易，而是接受、控制财富与信息。[81]

上面这段文字出自社会学家让·鲍德里亚的《消费社会》一书的开头，他敏锐地意识到，现代人将处在一个全新的被“物”包围的世界，这个世界最大的奥秘与动力都来自这些物带给人的消费动能，以及它所激起的消费欲望。更“致命”的是，随着大众传媒的发达与繁荣，这种“物欲”与“消费欲”对人的包围变得无孔不入。它变成了日常生活中的一种恒常弥散物，基于人的需求和本性而附着在每个人的身上。它支配着我们的生活节奏，以“消费主义”的形态存留于现代社会之中。

一般认为，一个人最难改变的是观念，但其实仔细想来，观念并没有那么难以改变。在一个信息爆炸和观点爆炸的时代，我们读到一本新书、看到一档新节目或者认识一个新朋友，都可能听到一个全新的观点，并且受到观念上的冲击。然而，一个人的观念受到的冲击再大，也不意味着他就一定可以立刻在现实生活中改变自己的习惯。在这个意义上，消费主义有着巨大的力量，因为它可不只是观念的革新，更是日常生活习惯的塑造。那么，这种消费主义的内核究竟是什么呢？

我们不妨以直白的语言“拆解”一下这个内核。对于80后、90后来说，他们与父辈在消费观念上的代际差异，表面上是激进与保守、浪费与节约的差别，但是细究起来，其内核性差异就在于，在父母一辈人看来，“买东西”这三个字的重点在于“东西”两个字，它来源于日常生活的必需——家里米吃完了要买，衣服穿坏了要买，手机和电脑彻底坏掉、无法使用了要买，凡此种种，购买是一种基于生活必需而产生的必要行为。然而对现在的很多人来说，“买东西”这三个字的重点在于“买”，换言之，完成“买”这个行为本身就构成了对自我的一种满足。由此，消费行为本身变成了一种身体习惯乃至本能，至于买到的东西是什么、好不好用，似乎都没有那么重要。

当我们从各种平台上下单后，欲望满足与快乐达成的曲线，随着下单、派送、送达、收货、拆包装这套流程逐渐达到峰值，当我们徒手拆掉包装时，这已经是购物行为的快乐巅峰了，但拆掉包装之后东西究竟是被我们一直使用，还是被遗忘在角落、束之高阁，那就不得而知了。这是消费主义带给我们的第一个重大变化，购买本身成为欲望乃至本能。

消费主义对现代个体的改造不只如此，还具体体现在物质主义、享乐主义与占有主义这三个方面。

在消费主义弥散的社会状态中，人被物包围与萦绕着，生活世界中的全部活动几乎都是围绕物展开的，如何通过对物的生产积累财富，如何通过积累的财富来消费物——最好可以达到无拘无束的程度，这便是现代人朝思暮想的“财富自由”。不仅如此，现代个体还在努力地将自己变成可以被消费的物，在教育流水线上奋勇争先，无限“内卷”，其直接目的在于让自己的简历在劳动力市场上更具竞争力，以此给自己贴上更好的价格标签。实际上，这就是马克思“异化”概念的另一种现实表达式。在一个以物为核心的状态中，人和人的一切活动都被物化处理了。

消费主义带来的第二个典型特征便是享乐主义。这里的享乐主义并不是通常意义上的灯红酒绿、纸醉金迷，而是指一种生活状态的普遍化。在现代人看来，职业最重要的功能便是带来更好的生活，而消费则是更好的生活的重要表现形式，它不仅体现在物质层面，还彰显着现代性对现代人的承诺：这是一种物化状态下的“自由”——我可以达到什么样的消费水平，我可以享受什么层级的生活乐趣，我在多大程度上可以实现想花多少钱就花多少钱的自由，都以消费为重要枢纽。在这个意义上，享乐主义这四个字便有了更深层次的内涵。现代人很容易理解“工作是为了生活”的普遍逻辑，因为工作赚钱已经是当下世俗生活的意义所在，但是现代人越来越无法理解“生活是为了工作”这样的逻辑，这种逻辑似乎已经没有存在的正当性。然而，我们必须承认，如今依然有人将自身从事职业的神圣性看作生命和生活的意义。随着消费主义的弥散与物化世界的蔓延而占据主导地位的享乐主义，实质上压缩了现代人对生活世界多种可能性的想象。

消费主义蕴含的第三个维度便是占有主义。简单来说，现代人不断追求独立、自由与平等的价值内核，一个重要的非意图后果便是人与人之间的界限感越来越强，现代个体尤其强调私人领域不被侵犯，这又体现在生活世界的各个方面，比如我的人生我做主，我的婚姻、职业我选择，而现代世界终究是一个人被物包围着的状态，因此，现代人尤其强调究竟有什么东西是属于“我”的，这些东西大到房产，小到手机。它们可实可虚，亦真亦幻，但无论是在虚拟空间，还是在现实世界，现代人对“占有”都有着前所未有的意愿，而消费是在商品丰沛的世界中，最能直接以合法手段实现占有的场域。

以上构成了消费社会和消费主义的底层逻辑。然而，就如同现实永远比电视剧精彩一样，理论上的底层逻辑在现实中还会得到种种“技术加持”。

当购物变成一个“节日”时，商品拜物教也就在现实世界中得以实现，正如涂尔干在讨论原始部落的宗教仪式和图腾崇拜时所描摹的，在一个集体性的仪式场景中，人们形成了某种个体不太容易出现的集体欢腾；当人们都在“买买买”的时候，在等待零点钟声敲响去清空购物车这激动人心的时刻，它已经塑造出一种围绕消费而产生的集体欢腾，令人浸淫其中。

现在的消费机制比最早的各种购物节还要复杂，它一直在进化，进化到将商品拜物教的“图腾”凝聚到具象化的带货主播的肉身之上。一个带货主播可以有如此大的辐射效应，是因为在短视频平台技术的加持下，他/她前所未有地具备了传播能力和溢出效应，这个效应还以非常具体化和个人化的方式呈现出来，形成了个人IP和私域流量。在我看来，大流量的主播们已经化身为一个个可以深入人心的符号，不断制造着消费世界中的集体欢腾。

因此，安东尼·加卢佐在《制造消费者：消费主义全球史》一书中这样写道：“市场让商品成为消费者定义和展示自我的核心工具，从而加剧人们对商品的渴望。在现代化、城市化、大众化的社会中，商品是一切的中心，是人们追逐的对象。在现代社会中，一个人的身份既不是继承的，也不是规定的，人们可以通过消费来‘发明’自己的身份。”[82]

我想给这段话做小小的补充：现代社会有足够的技术、机制与动力，在制造消费品的同时制造消费者。消费者与消费品互为因果，相互“制造”，或许才是消费社会真正的底层逻辑。

13

老龄社会

你真的了解你的父母吗？

耄耋：将至的未来

朱颜渐老，白发添多少？桃李春风浑过了，留得桑榆残照。

上述文字出自元朝白朴的词《清平乐·朱颜渐老》，它的意思简单而又直白，我们可以将其理解为古代文人骚客对“进度条”过半的人生和逝去岁月的感怀，但如果在一个有着十几亿人的超大规模共同体中，有接近 20% 的人口的年龄在 60 岁以上，那么这种对“朱颜渐老”的感怀就不只是个体性事件了，因为它意味着老龄化社会的到来。或许你会觉得，只有 1/5 的人口是所谓老龄人口，就算老龄化社会的到来吗？这样的论断是不是过分悲观，甚至有点儿杞人忧天呢？

一般而言，在国际通行的人口学规则中，如果一个社会的 65 岁人口占其总人口的比重超过 7%，那么它就会被定义为老龄化社会；如果这个比例达到 14%，那么这个社会就被称为深度老龄化社会；如果这个比例达到或者超过 20%，那么它就是一个超级老龄化社会。实际上，老龄化社会这个词对很多人而言尽管并不陌生，但看起来相对遥远。但是，科学之所以是人类文明进步的结晶，就是因为现代人的经验感觉往往与理性认知存在着较大的偏差。就拿人口老龄化这个问题来说，在2000年的时候，中国的65岁及以上老年人口就达到了7%，中国已经成为一个老龄化社会。

根据我国第七次全国人口普查（以下简称“七普”）数据，到2020年，我国60岁及以上人口为26 402万人，占全国总人口的18.7%，其中65岁及以上人口为19 064万人，占13.5%[83]，距离14%这个国际公认的深度老龄化社会指标只有一步之遥。如果我们再看一下我国近年来的人口出生率和增长率这些数据，我们就会发现，在不久的未来，我们就将进入超级老龄化社会。

根据“七普”数据，2010—2020年，我国人口的年平均增长率为0.53%，较上一个十年下降了0.04个百分点。别小看这0.04个百分点，我们如果结合近年更详细的人口出生数据来看就会发现，人口出生率的持续走低已经成为一个摆在眼前且不容易逆转的社会事实。相关统计数据表明，2016年是过去十年中我国年度出生人数最多的一年，达到了1 786万人，2016年之后的每一年，我国年度出生人数如同下台阶般逐年走低，到2021年，这个数字已经变成了1 062万人——要知道，2021年，我国全年死亡人口为1 014万人——创下了近60年来的新低。在我国总体医疗水平不断进步，人口平均寿命不断增长的情况下，生育率的不断走低意味着超级老龄化社会的到来。由此，一个新问题接踵而至：老龄化社会来了，又能怎么样呢？

单纯从理性上看，无论是人口学家、经济学家还是社会学家，都可以从各自的角度对老龄化社会所带来的挑战提出无数种可能性。但是，我想先讨论的一个问题是：为什么从个体生命历程与经验层面来看，很多人对老龄化社会来临这件事并没有过多担忧和焦虑呢？

我们不妨基于“七普”数据做这样的想象。目前占中国人口 80% 的是 60 岁以下群体，这一群体以 70 后、80 后、90 后和 00 后为主体构成，从历史的时间轴上来看，这一群体是在 1978 年以来的改革开放的历史进程中成长起来的。总体上，70 后与 80 后经历了物资短缺、主要依靠供给制完成生活资料分配的计划经济时代，又经历了生产力水平不断提高、生活质量明显改善的社会主义市场经济时代，而 90 后和 00 后则是在物质供给较为丰沛、技术创新突飞猛进的环境下生活的。简言之，这一庞大群体的生活世界更多是以“明天会更好”“一天比一天好”的线性历史观作为底层逻辑的。同时，尽管这几代人几乎完整经历了以计划生育为主体内容的生育管控政策实行时期，但是 70 后与 80 后的父辈处在新中国成立后的第一个生育高峰，因此，70 后与 80 后由于其父母一辈的庞大基数和强烈的生育意愿而依然保持着较高的生育率。尽管他们也经历了高房价、高竞争和“国企改制”等一系列挑战，但是大多数个体的生活节奏演进依然是与经济的快速增长、国家的高速发展同步的。

上述诸多因素在具体历史时空的耦合使得这一基数庞大的群体在日常生活世界中无法设想一个深度老龄化社会乃至超级老龄化社会来临的时候，自身的生活世界究竟会发生怎样的变化。

养老：系统的难题

超级老龄化社会来临之后，我们究竟会面对怎样的生活世界呢？换言之，我们会面对怎样的挑战呢？围绕人口老龄化这一问题，经济学、人口学、社会学和公共管理领域内的研究者都已经做了大量现状分析和对策探讨。从政策与制度的角度，有人呼吁彻底放开生育限制，也有人对当下各类型的公共养老机构的数量、质量、类型及其与老龄人口的匹配度做了大量讨论，亦有人提出居家养老、以房养老等诸多模式。不仅如此，很多学者还对中国与其他更早迈入老龄化社会的国家做了对比研究。实际上，无论是韩国、日本还是亚欧大陆另一端的北欧国家，都比我们更早进入了老龄化社会。老龄化社会带来的直接挑战是系统性的，它包括但不限于就业机会的减少、经济活力的下降、公共福利压力的增加、养老金制度的困境，如果需要更具体和更直观的个体经验，那不妨到互联网上搜索一下日本 70 岁老年人还在开出租车来养活自己的新闻。

然而，上述这些都不是本书想要讨论的问题，在本节，我想按照元问题的方式讨论一下老龄化社会的底层逻辑。这个底层逻辑又包含两个问题：其一，在现代社会中，人口及人口的年龄结构是如何成为重要问题的？其二，中国这样一个超大规模共同体在进入超级老龄化社会之后，面对的最本质的挑战是什么？

我们先来看第一个问题。

德国社会学家诺贝特·埃利亚斯一生最有名的作品就是《文明的进程》，这本书在社会学界享有盛誉，甚至被认为是自马克思、涂尔干和韦伯的著作之后最具想象力和魅力的社会学著作。埃利亚斯敏锐地发现，从中世纪到现代这个历史进程，也是现代个体与现代国家同时“壮大”的过程（个体变得理性，国家变得强大）。在我看来，埃利亚斯这本书还有一个隐含的命题，它在无意中回答了人口为什么会成为现代国家的关键问题。

一般认为，现代出现的底层逻辑是技术的进步，而技术的进步则源于自然科学的发展及其导致的一系列关于“人与世界”的观念形态的变迁。理性成为现代世界的重要观念原则，也成为现代人和现代文明的“标的”。然而，埃利亚斯从社会的角度对这个问题展开了堪称思路清奇的“重置”。他发现，从中世纪中后期开始，欧洲大陆上出现了一个新现象，即过去经常出现的地方领主做大之后反叛中央领主的治乱循环开始被打破，出现了相对稳定的专制主义君主国家，也就是说，地方领主逐渐失去了反对中央领主的动力、能力与可能性。埃利亚斯提出的问题是：为什么上述两种现象会出现在欧洲的同一历史时期之内？埃利亚斯给出的回答在他所处的时代也是独特的——既不是从政治哲学和观念史的角度给出的，也不是从单纯的心理学角度或者技术角度给出的。埃利亚斯所勾勒的解释链条如下。

人类的生产能力和长途交通运输技术的双重提升极大地刺激了跨越原本地理界限的贸易活动的增加，这意味着作为一般等价物的货币变得越发重要，同时也意味着人与人之间的交往从过去的对“power”（权力）的运用变成了对“利”展开的追逐与计算，还意味着法律、契约在社会生活与政治生活中的重要性的增加。不仅如此，工商业的发展和更大的交换（贸易）体系的发达促进了社会分工的复杂化与紧密化，人越来越成为一个精密运转的系统中微小却必不可少的环节。埃利亚斯还看到，过去征伐四方的中央领主在取得权位之后，最重要的事情就是将土地与人口分封给军功勋贵，而地方领主一旦获得了这些要素便很容易变得无法牵制。然而，当整个社会分工体系和商贸体系发达之后，以货币为表现形态的经济财富取代了人口与土地，成为中央领主分封的新要素，如此一来，对所辖土地和人口以及基于不同土地、人口类型所产生的产业与经济形态的计算成为重中之重。[84]

因此，法国思想家福柯在《安全、领土与人口》一书中才会说，真正的经济的政府治理，是处理人口问题的政府治理。

在这个意义上，现代政治的一个核心“竞争力”是能用科学的方法来计算人的统计学特征，进而估算整个国家的未来。不过，在这当中还有一个问题，那就是需要某种真理话语体制和大家共同认可的现代价值标的人，让站起来的、具有现代自由意志的人可以被规训、被计算、被预测。现代国家需要一系列规训机制，用福柯的话说，这“不再是臣民对统治者的意志的服从，而是控制一些看上去与人口不相干的事物，通过计算、分析和观察思考，人们知道控制这些事物可以实际上对人口施加影响”。[85]

行文至此，我已经对第一个层次的问题做了回答，人口及其年龄结构之所以重要，是因为它是现代国家的政治算术，人口也意味着国家的经济形态和财政能力。

我们再来看第二个问题：中国这样一个超大规模共同体在进入超级老龄化社会之后，面对的最本质的挑战是什么？

中国社会在 1978 年进入了改革开放的历史进程，这也是中国这样一个超大规模共同体经济社会快速发展的历史进程，它伴随着文化实力的增强、经济活力的迸发、技术水平的提升。但不可忽略的是，整个国民经济的增长有一个重要的底层因素，就是改革开放前中国积累的庞大人口基数为整个经济系统提供了大量的优质劳动力。不仅如此，随着户籍制度的松动、城市化进程的加深和加快，城乡之间、城市之间的人口流动与资源流动强度大幅提升，为 21 世纪以来整个房地产行业的腾飞提供了必需的人口要素。而房地产行业作为可以辐射钢铁、水泥、建材、家电、家居、城市基础设施等诸多行业的增长引擎，它的飞速发展具有巨大的溢出效应，这种溢出效应会直接带来大量的就业机会，反过来进一步为日新月异的城市源源不断地提供劳动力，也提供新的房屋购买者、土地使用者；从农业生产中解放出来的劳动力及空心化的乡村，同时为房地产和建筑行业的扩张提供了新的土地。身处这样的经济浪潮中的大多数人却并未直接意识到，庞大而优质的劳动力是整个闭环不可或缺的结构性要素。当一个 14 亿人口的超大规模共同体快速接近超级老龄化社会的时候，一个最直观的挑战或许并不是医疗与养老资源的短缺，也并非各地区的经济发展水平差异，而在于适龄劳动力的锐减，这种锐减将会带来一系列连锁反应。

这首先意味着当前养老金制度的巨大压力，因为当前养老金制度能够持续运行，需要下述两个条件中的至少一个：第一，代际人口数量应该保持稳步增长，至少不能出现大规模倒退；第二，整个国家的主导产业从过去的低成本劳动密集型产业转到更高技术、在世界产业链范围内占据更上游位置的产业，同时这些产业还需要具有巨大的辐射效应，既可以持续推动经济增长，也可以持续推动财政收入增长。

此外，超级老龄化社会的到来几乎一定会造成退休年龄的持续延迟，而退休年龄的延迟一方面会对身体健康提出更高的要求，另一方面则意味着大量就业岗位被占据，有可能进一步加剧就业难的社会问题。因此，“老龄化”这个词并不只是针对老年人讲的，也不是只对即将迈入老年人行列的人群有意义，在人口成为现代国家底层逻辑的情境下，老龄化是一个结构性的系统难题。

衰弥：生育的枯竭

当我们讨论老龄化社会这个议题的时候，一个躲不开的前置性问题是：为什么生育率会下降？因为对个体而言，生老病死是自然规律，“老”是个逃无可逃的必然环节。当一个社会迈入老龄化阶段的时候，与之相随的一定是这个社会出现了生育的衰退。这究竟是意愿问题还是能力问题呢？

在互联网上搜索有关生育率下降的相关资讯，我们会发现，日本、韩国、欧洲国家特别是北欧国家比我们更早进入了低生育率、高寿命的老龄化社会状态。根据联合国发布的《2021 年世界人口情况报告》，韩国的总和生育率在参与调查的 198 个国家和地区中排名倒数第一；根据联合国和世界银行的数据，韩国是人均 GDP 超过 3 万美元的经济体中老龄化速度最快的国家。日本的情况也没有好到哪里去，2022 年 1—6 月，日本出生人口不到 40 万，同比减少 5%，为 2000 年以来同期最少。[86]

一般认为，一个国家的现代化程度越高，经济社会文化发展水平越高，它的人口出生率就越低。这又是为什么呢？关于这一问题，有很多解释已经为大众所知，其中最容易为人所接受的解释逻辑在于：现代文明一个普遍的价值起点就是平等、自由与独立，现代人已经从中世纪和传统时代的君权神授的状态中解放出来，不再是神的附属物，也不是中世纪君主的附属物，在这个意义上，是否恋爱结婚、是否生育后代都属于个人选择范畴，每种选择都是个体自由意志的体现。在此基础上，另一种"常识性"认知是，现代社会是一个高度分化的复杂系统，同时，由于新技术的飞速发展与生活水准的快速提升，大部分现代人的生活领域充满无限的可能性，这些可能性在填满个体好奇心的同时，也使得现代人越来越将过去被认为是"人生必需环节"的生育过程看作与其他选择同等位阶的生活选项，而不是必选项。此外，除了观念的革新、选项的增多，如今养育子女所需要付出的经济成本、时间成本都过于高昂，几乎全国各地都普遍存在"海淀父母"和"鸡娃"的状态。因此，"不生育"这个人生选项不仅有了道义上的正当性，也有了情理上的合理性。

实际上，上述这些理由不可能涵盖每个选择不生育的个体的具体情境，但在某种程度上依然是绝大多数人可理解的共识。然而，在我看来，上述这些理由都还不能完整解释现代文明进程中出现的低生育率现象，它有着自己更底层的元问题逻辑。

生育问题首先不只是经济成本核算的问题，更深层次的问题是受到宗教与文化传统的影响。在宗教世俗化程度较高的文明中，生育更多属于个体的人生选择；在宗教世俗化程度较低的文明中，生育不只是个人选择，还带有某种更宏大、更崇高的神圣意义。不仅如此，一个文明系统在历史演进中形成的文化传统，也会对生育行为产生深刻的影响。以中国为例，中国传统社会是个非常典型的宗法社会，这里所说的宗法并不单纯是“封建”“保守”“落后”这些表面含义。所谓宗法社会，是以血缘关系为基础所构造的社会状态，在这种社会状态中，每个人都有自己在血缘系统中的结构性位置，而在自身位置上与其他位置上的人的关系便是中国人所讲的伦理，或者说就是我们常说的“人伦”。举个最简单的例子，中国经典中提到的“父慈子孝、兄友弟恭”，在某种意义上便是这种人伦秩序的体现。在这种人伦秩序之下，中国人的文化传统其实并非鬼神崇拜，而是某种文明化的祖先崇拜。在传统社会，对一个人最大的惩罚是死后无法进入祠堂或者无法被写入族谱；同样，在这种宗法伦理秩序的社会状态中，一个人是否生育绝不只是个人选择的问题，而是整个家族血脉延续的重大问题。

因此，在经典典籍《礼记·昏义》中就有这样的表述：

“昏礼者，将合二姓之好，上以事宗庙，而下以继后世也，故君子重之。”我们可以看到，在中国传统的文化观念中，婚姻的意义并不是爱情的自然结果，甚至与现代人所理解的爱情并无直接关联，而是与宗族/家族的延续有着更直接的关联，生育也就具有了家庭、族群乃至国家历史文化血脉意义上的神圣性。

由此，我们会发现，无论是宗教的世俗化程度，还是某种特定的历史文化传统潜移默化的影响，实质上都可以被看作一场传统与现代的“遭遇战”，所谓低生育率的出现，不过是这场遭遇战中出现的非意图后果。

对现代人而言，个体已经从君主、教皇以及宗族血缘的附属状态中挣脱出来，只有自己才是自己的最高主权者。因此，是否进入婚姻状态，如何理解婚姻与恋爱之间的关系，是否生育后代，都成为自我决策范围内的事情。在这样的状况下，“婚姻是爱情的最高表现形态，而子女是爱情的结晶”这个现代公式被走向“虚无”的后现代思潮再次拆解了。正如福柯在其著作《性经验史》中所分析的，人类的性活动经历了过去的“生育本能”到“追求快乐”的转换[87]，而对个体自由意志充分占据主导地位的现代人来说，恋爱、婚姻、生育再也不是人生中的必经过程，甚至三者之间的关系完全可以相互分离。在我看来，这才是低生育率现象和人口老龄化社会快速来临的底层逻辑。

鸿沟：封闭的心灵

在本章的最后，让我们回到“老龄化社会”这个关键词，尝试从“非技术”和“非政策”的角度讨论一下老龄化社会的真正困扰。

之所以要强调“非技术”和“非政策”，是因为下面的内容是从人的心灵结构角度阐述的。我先给大家讲一个自己的故事。

很久之前，我刚买车，开车回家带父母出去。当时刚开车不久的我，是个“路怒症患者”。在一条很窄的、没有区分机动车道和非机动车道的路上，有一个60多岁的人就在路中央慢慢悠悠地骑着一辆自行车，挡住了我们的去路，我有点儿“上头”，急躁地摁了好几声喇叭。妈妈立刻制止了我，让我不要急，也不要摁喇叭。我还辩解道：“摁喇叭是我的权利啊！我又没违反交通规则，是他非要在路中央骑车！”然后，我妈跟我说了一段话。

“你们年轻人怎么想的，其实我们老年人都知道，因为我们也年轻过；我们老年人是怎么想的，你们年轻人是真不知道，因为你们还没老。你还体会不到一个人到了60多岁，看东西看不清了，听声音听不清了，腿脚不灵活了，头脑反应变慢了，究竟是一种怎样的身体状态！前面这个骑车的老人，他可能不是故意挡路，只是由于身体状态的原因，没有意识到自己挡路了，也可能是意识到自己挡路但是身体没法儿做出那么快的反应罢了。”

妈妈只是一个普普通通的工人，但她的这些话在当时深深地镌刻在我心里。仔细想想，我们经常说“理解是稀缺品”，在这个意义上，稀缺的原因或许并不完全在于人心与性格，而在于切身体验。当我们还处在生命力旺盛、身体机能优质的生命周期中时，我们自然体会不到老眼昏花、听力不佳、反应迟缓的老人境况，而由于对这种境况缺少感知，我们自然会忽视父母唠叨中的道理，忽视老人群体的真实感受。现代社会中的年轻人以个性、自我为人生的价值旨归，同时也会将其变成自身的生活实践。随着现代社会技术迭代的频率越来越高，强度越来越大，身体机能下降的老年人遇到了越来越多“技术”和“速度”带来的挑战，这些挑战使得老人跟不上社会，跟不上时代，乃至跟不上自己的子女。仔细想想，每个人在年轻的时候或多或少都会觉得自己的父辈“过时了”，很容易认为他们的话是老观点，会将其当作耳旁风，这也就是所谓的“代沟”。但是，如果我们有心翻翻父母一辈人年轻时的照片、日记或者书信，静下心来听一听父辈到底都经历了怎样的青春，或许我们会发现，父母一辈在年轻时可能比我们更勇敢、更独立、更“先锋”。在这个意义上，不同年龄层之间的“代沟”问题或许就有了更多的内涵，因为从本质而言，代沟是不同年龄群体各自所处的时空情境和身心状态无法再现所造成的“代际错置”，尽管儒家有句很经典的话叫作“老吾老以及人之老，幼吾幼以及人之幼”，但是作为个体，我们是无法真切体会那些我们从未经历过的身心状态的。当一个社会中越来越多的人进入老年的时候，就意味着有越来越多的人正在经历其他年龄群体无法经历和体会的身心状态。这种自然规律下产生的代际差异，实质上是将“理解”这个稀缺品进一步稀缺化的根本机制。

德国社会学家马克斯·韦伯认为，社会学的研究对象是社会行动以及个体对行动赋予的主观意义[88]，因此，韦伯的学说又被称为“理解社会学”。然而，要在个体之间形成理解，并不是一件容易的事。因为每个人都有自己的生命历程、成长环境，也会形成自身的精神气质，而个体的行动又都一定具有其历史处境和现实情境，这就好比单独拿出一段张三的微信聊天记录来做分析是毫无意义的，因为这段聊天记录既无上下文，也没有具体语境。同样地，人与人之间的理解难以达成，就在于很多时候人类的交流和互相“观看”是去情境化的，在这一点上，现代人尤甚，因为我们早已习惯按照一般规律和“科学”去抽象地认识人。人的动机都是趋利避害的，所以理性选择理论是大多数人的行为动机，这样的认知刻画了现代人的思维路径。对老年群体来说，他们的具体处境更难以被理解，因为绝大多数非老年人都完全无法经历老年人特有的身心状态。我们都知道，朋友之间的理解是相互的，如果我们认可这一点，那么我们与父辈之间的理解，是不是也应该是相互的？当我们说“与父母做朋友”这句话时，又有多少人真正愿意把父母看作朋友呢？做朋友的前提是彼此理解，而理解的前提是彼此了解，而了解又建立在对对方生命故事的倾听上。在我看来，这种非朋友式的理解，这种固有文化习惯中存在的与父辈之间的疏离感所导致的封闭的心灵结构，或许是一个超大规模共同体步入超级老龄化社会时的巨大挑战，因为如果我们一直保持这种状态而不加改变，那就意味着将有越来越多的人进入无法被感性感知的状态。

“己所不欲，勿施于人。”在这个意义上，如果我们希望自己以一个“被理解”的状态步入老年，那么我们可以尝试从理解自己的父辈开始，哪怕我们无法在身心意义上感同身受，但起码我们可以从打开封闭的心灵结构开始，因为我们与父辈可以共享被理解的生命故事。

14

心灵捕手

现代社会中的抑郁症为什么越来越多?

抑郁：人类社会的流行病

抱着沙发，睡眼昏花，凌乱头发，
却渴望像电影主角一样潇洒。
屋檐角下，排着乌鸦，密密麻麻，
被压抑的情绪不知如何表达。
无论我，在这里，在那里，
仿佛失魂的虫鸣，
却明白此刻应该做些努力。
无论我，在这里，在那里，
不能弥补的过去，每当想起。
想过离开，以这种方式存在，
是因为那些旁白，那些姿态，那些伤害。
不想离开，当你说还有你在，
忽然我开始莫名期待。
夕阳西下，翻着电话，无人拨打，
…………

上面这段文字出自流行音乐唱作人华晨宇的一首歌，名叫《好想爱这个世界啊》。据说这首歌是写给抑郁症患者的歌，歌词生动地描摹了一个抑郁症患者的身心状态——“被压抑的情绪不知如何表达”，“失魂的虫鸣”，“翻着电话，无人拨打”，同时它似乎也点出了抑郁症患者的内在希望，比如“不想离开，当你说还有你在”。

根据《2022 年国民抑郁症蓝皮书》披露的相关数据，我国成人抑郁障碍终生患病率为 6.8%，其中抑郁症为 3.4%。目前我国患抑郁症人数为 9 500 万，每年大约有 28 万人自杀，其中 40% 患有抑郁症。世界卫生组织（WHO）统计，全球约有 10 亿人正在遭受精神障碍的困扰，每 40 秒就有一人因自杀而失去生命，低收入和中等收入国家的自杀人数占全球自杀人数的 77%。该蓝皮书的发布机构“抑郁研究所”在抑郁症患者群体中收集了 6 670 份有效问卷，经过统计发现，接受调查的人群中，有 50% 的抑郁症患者为在校学生。有研究认为，成年期抑郁症在青少年时期已经发病。[89]

实际上，无论是从相关研究机构的统计来看，还是从我们在日常生活中的经验感受来看，患有心理疾病的人似乎越来越多了。而且，心理疾病的类型不只有抑郁症这一种，还有焦虑、躁狂，以及“躁郁症”（双相情感障碍）。不仅如此，年轻人还经常将“我 emo 了”这句话挂在嘴边，“emo”也变成了网络流行语。实际上，“emo”本来是一种情绪化的音乐风格，被网友引申出“丧”“忧郁”等多重含义，进而又被解释为英文 emotional 的简写，有情绪波动之意。除此之外，现在还有其他一些奇奇怪怪的名词出现，例如“社恐”，即“社交恐惧症”。尽管它更多是一种个体的调侃与自嘲，也没有被认定为医学意义上的疾病，但是这种现象在提示我们，人们在现代生活中正遇到前所未有的“精神危机”，它以各种情绪化的方式甚至是心理疾病的方式呈现出来。作为现代人的我们到底怎么了？是我们太脆弱，还是现代社会太无情？

与抑郁症高发对应的是我国心理咨询行业规模的不断增大。根据相关机构的数据，我国目前精神心理障碍的终身患病率高达 16.6%，其中焦虑障碍终身患病率最高，为 7.6%，而抑郁症紧随其后，终身患病率为 6.8%。在这样的背景下，2020 年，我国心理咨询行业市场规模达到 480.4 亿元，比 2019 年增长 10.92%。2020 年，我国新增心理咨询企业 3.52 万家；2021 年 1—8 月，我国新增心理咨询相关企业 2.35 万家。[90] 不仅心理健康与精神卫生的相关从业者在增多，致力于学习心理学知识甚至从事相关工作的人也越来越多，这直接体现在心理学研究生的招生数据上。例如，北京师范大学作为当前拥有国内一流心理学专业的院校，2021 年度心理学部学术型硕士研究生报考人数为 1 675，2022 年的报名人数则一举突破了 2 000，而深圳大学 2022 年心理学学术型硕士研究生报考人数为 1 218，拟招人数为 25，报录比达到了惊人的 48 : 1。

以上两类现象的出现，按照通常理解，是一种正相关关系。当前越来越多人患有心理疾病，引发了社会大众对心理学、心理健康和心理疾患的重视，并由此极大推动了心理健康及其相关行业的发展。然而，这只是一个由 A 到 B 的单向循环吗？有没有一种可能，这个循环亦可以由 B 到 A 呢，也就是随着心理健康及其相关行业的发展，以及心理学知识在大众中的普及，有越来越多的心理疾病被识别，同时也有越来越多患有心理疾病的人被发现？

做这样的联想，并不是要否认心理学作为现代科学的重要意义，也绝不是反对心理学的发展，而是尝试从一个更具整体性的角度来剖析以抑郁症、焦虑症、躁郁症等为代表的心理疾病在现代社会中迎来暴发期的底层逻辑。这一章尝试从非心理学的角度讨论心理疾病与现代社会的可能关联。

在具体展开讨论之前，我们首先需要了解的是，在当今通行的医学视角之下，究竟什么是心理疾病呢？以躁郁症为例。在《中国精神障碍分类与诊断标准第 3 版》（CCMD-3）中，分裂情感性精神病指一组分裂症状和情感症状同时存在又同样突出，常有反复发作的精神病。分裂症状为妄想、幻觉，以及思维障碍等阳性精神病性症状，情感性症状为躁狂发作或抑郁发作症状。分裂情感性精神病分为躁狂型、抑郁型和混合型。CCMD-3 还为各种精神病类型提供了更具体的诊断标准，例如，抑郁发作的症状标准包括：兴趣丧失、无愉快感；精力减退或疲乏感；精神运动性迟滞或激越；自我评价过低、自责，或有内疚感；联想困难或自觉思考能力下降；反复出现想死的念头或有自杀、自伤行为；睡眠障碍，如失眠、早醒，或睡眠过多；食欲降低或体重明显减轻；性欲减退。[91] CCMD-3 中非常明确地写道：只要上述症状标准出现了 4 项或 4 项以上，至少已持续 2 周，即可确诊为单次抑郁发作。

在明确了抑郁症等心理疾病的医学界定之后，我们将尝试从非医学的、非心理学的乃至非自然科学的角度来讨论一下，包括抑郁症在内的心理疾病究竟为什么会成为现代社会的“流行病”。

心理：灵魂问题的科学化

自人类迈入现代社会以来，心理问题就不只是心理学的“专属”了。法国社会学家埃米尔·涂尔干的《自杀论》，在某种程度上可以被看作社会学研究心理问题的先驱性著作。涂尔干注意到，在 19 世纪，整个欧洲出现了越来越严重的自杀现象，各个国家在一定时间内都发生了自杀率的飙升：1826—1890 年，普鲁士的自杀率上升了 411%；1826—1888 年，法国的自杀率上升了 385%；奥地利的自杀率则在 1841—1877 年上升了 318%。那么，为什么 19 世纪的欧洲会出现自杀率的飙升？

涂尔干从社会学的角度进行了分析，在他看来，自杀有三种主要类型，即利己型自杀、利他型自杀和失范型自杀。这些名词如今看来怪异而抽象，其实并不难理解。所谓利己型自杀，就是指极端的个性化导致的自杀，这与西方的不同宗教传统有关。宗教对其信徒的控制或者整合程度越高，它的信徒之间的结合就越紧密，其信徒的自杀率也就越低；反之，则自杀率越高。经历了宗教改革的新教，其教徒的个人主义程度高于天主教，也高于犹太教，因此相对而言更加缺少共同信念，拥有更弱的集体意识。不过，宗教只是利己型自杀中的一个变量，除宗教外，婚姻、文化等对个体的限制与凝聚，也是重要的结构性因素。所谓利他型自杀，是指个性的极端退化导致的基于个体自身之外的集体目标而产生的“不得不死”的自杀选择，例如陪葬、殉情、献身、献祭等。我们可以看到，这实际上是一个光谱，利己与利他分别处于光谱的两端，而个体越是在现实生活中处于这种光谱的极端状态，发生自杀的可能性就越大。涂尔干进而指出，当整个社会发生巨大转型之时，现代人面对的实际上是随着社会转型所产生的精神与失范的危机。简单来说，巨大转型发生之时，也是旧的规范与秩序失效，而新的价值与道德体系还没有完全建立的历史时期。在这样的状况下，人很容易陷入精神与失范的危机，而在这种危机之下做出的自杀选择被涂尔干称为失范型自杀。[92]

涂尔干并没有将自杀现象背后的实质问题归为心理健康，也并未将其作为一种个体疾患来看待，而是在某种意义上将其作为“社会疾病”加以理解。由此产生的一个有趣的问题是：人类是从什么时候开始从医学和科学的角度来看待所谓的心理问题的呢？与这个问题相关的一个前置性问题是：在科学之前，人类文明是如何面对类似抑郁和躁狂这样的问题的呢？

在米歇尔·福柯看来，现代文明下所流行并深入人心的科学，本质上是一套围绕权力–知识构造的体系。福柯发现，在相当长一段时间内，或者说在所谓的“蒙昧”时代，包括疯狂、谵妄等在内的诸种“非理智状态”尽管被排斥，但往往是被当作宗教意义上的“灵魂”问题加以处理和对待的：“在中世纪，疯癫或愚蠢在罪恶体系中占有一席之地。……在巴黎和亚眠（Amiens），它出现在罪恶行列中，出现在争夺对人的灵魂的控制权的12对范畴中。”[93] 而从17世纪以来，这种“判定”与归属范畴发生了重大变化，随着医学以科学的姿态登上历史舞台，教会法和罗马法一致认为疯狂的判定与医生的诊断相关。所有有关精神错乱的判决都会包含医学意识。[94] 不仅如此，到19世纪时，随着实证医学的发展，类似疯癫这样的非理智状态开始渐渐被医学正式确认为精神病，这种界定还出现了法律与政治后果：它是无法律能力的主题，也是公认的团体秩序的破坏者。[95] 福柯揭示了一种本质，即类似疯癫这样的非理智状态本身的“知识化”与“医学化”过程，也是现代知识系统与权力机制相结合的过程，现代社会通过科学的手段、精准的标准，对人进行分类识别，发现其中的“异常者”，并将其归入精神病人的范畴，通过精神病院的监禁防止其破坏社会秩序，同时又通过医学手段给予治疗。现代人逐渐接受并认可这一“知识化”

的过程，它实际上也是权力的弥散过程。

其实，福柯围绕疯癫和精神病所做的“知识考古学”分析，更多是基于历史资料所做的理论分析，而弗洛伊德作为现代精神分析的重要开拓者，也对包括抑郁在内的诸多问题有着自身的判断。他在《精神分析引论》中明确指出，精神分析与建立在解剖学基础上的现代医学并不相同。弗洛伊德写道：“你们因受过医学训练而养成的一种心理态度，和精神分析的态度大不相同。你们常将机体的机能和失调，建立在解剖学的基础之上，用物理化学来加以说明，用生物学的观点作进一层的解释，而从来不稍稍注意于精神方面的生活，不知道精神生活是复杂的有机体最后发展的结晶。”[96] 实际上，在弗洛伊德的观点里，精神分析并不是一种纯粹的科学化和形式化的技术手段，因为分析师在从事工作之前必须先经历深度的自我分析或者被分析。在这个意义上，精神分析本身是主体与主体之间的深度互动，而掌握精神分析的本质也不只在于了解了一项工作技术、熟悉了一套工作流程，不是医生拿着“科学”的精神分析工具对病人进行流程化处理的简单过程。然而，随着精神分析的高度工具化，它最终从一种关于灵魂的自我省察之术转变为科学化与职业化考察他人病态心理的、可以实验和测量的专业理性知识。[97]

在日常生活中，我们经常会看到类似的对抑郁症的理解方式：不就是不开心吗？现在的孩子真是矫情、脆弱。这种理解方式当然不是科学的，但是这种理解方式以及抑郁症之类的心理疾病的表征，实际上往往都和我们过去理解的个人性格有关。有的人情绪不稳定，非常容易以激烈的方式表达出来；有的人性格沉闷，对生活世界有着悲观态度；有的人在生活中极易产生紧张感，忧心忡忡，整日心神不宁，甚至出现失眠等情况。这些个体在性格上的差异在长时间内持续出现甚至愈演愈烈，就被“医学”和“科学”判定为躁狂、抑郁或者焦虑。仔细想想，所谓“社交恐惧症”不也是这样吗？尽管“社恐”没有被纳入医学范畴，但大家以“社交恐惧症”对现代个体在社交生活中的拘束、紧张感和对社交的排斥加以概括，其实质不也是现代科学话语和思维的一种呈现方式吗？

由此，我们可以看到，随着现代文明的发展，人类开始以科学的方式、知识化的手段和流程化的技术来对待包括心理问题在内的与精神卫生有关的问题，而且这个过程本身是越发强调标准化、可测量化的。人们在不断寻找心理疾病的生理学基础。这也是一个越来越将人当作“物”的测量方式。简言之，在面对人的精神世界的相关问题时，我们越来越将其做物化处理。

实际上，抑郁症这个词本身存在的时间并不长，在 20 世纪中叶，它被冠以“神经衰弱”之名，直到美国精神医学学会发布《精神障碍诊断与统计手册（第三版）》（DSM-III），用抑郁症、焦虑症等更具分辨性的疾病名称代替“神经衰弱”。随着抑郁症这个名词的出现，相关制药企业、心理咨询机构勃然兴起，这些环节与要素不断互相刺激，也在客观上使抑郁症有了强烈的社会建构意味。[98]

现代社会的复杂之处在于：一方面，它是一个物化逻辑占主导的社会状态，人类习惯将自身面对的所有现象（包括心理现象和精神现象）作为客观的“物”来理解；另一方面，现代社会是一个高度复杂的分工系统，有着标准化的内在要求，又环环相扣。因此，当以抑郁症为代表的心理疾病完成了从灵魂到心理的转换之后，过去在主体与主体之间、人与神之间、人与自我之间的“灵魂”问题就变成了医生与病人之间、药物与病症之间的医学问题，也变成了知识与权力之间、病人与产业之间的经济和社会问题。我们无法用简单的“好”与“坏”来判断这一转换，但是，这一转换客观上使得心理问题在现代社会中进入了更复杂的处境。

紧张：现代文明的衍生品

随着现代性这一历史进程的不断加深，我们越来越依靠科学手段识别心理疾病，不断尝试在生理学层面找到心理问题的致病基础，并给出治疗方案。比如，很多现代人都已经接受了多巴胺分泌的缺失是抑郁症的生理学表征，而各种药物也被竞相推出，以刺激多巴胺的分泌，或者尝试降低人的兴奋度和对外界的感受度，减少个体可能受到的外界刺激。

在本节，我想从非生理学的角度来讨论一下这些心理疾病的社会动因。

有研究者指出，现代文明进展到21世纪，更多以新自由主义全球化的形式呈现出来，这具体表现在后福特主义的弹性积累（因资本可跨国流动、在不同地区进行分工而产生的及时生产、外包制、雇用弹性工时、临时工成为常态等）、竞争力论述（对国家、公司、个人皆强调“创新”“弹性”“企业家精神”；自我负责）、公私伙伴关系（国家与私人部门合作，共同发展服务或推动科技）、消费社会（在医药需求上，民众不断消费医疗商品与服务，直到身体达到健康为止）等。[99] 以上表述多少有些学术化，但是揭示了人类在现代社会中遭遇的普遍命运。在我看来，我们如果将看待这一系列变化的时间线拉长，就会发现它们其实未必可以用新自由主义全球化这个抽象名词加以概括，而是现代性的内在逻辑在时空中的具体呈现。要理解心理疾病何以在现代社会流行，我们先要深入了解每个人在现代社会中的处境。

现代人本质上生活在充满结构性张力的世界中。他们从出生开始就已经接受了平等、自由与独立的基本价值观，他们相信，每个人的生活都“应该”是有意义的、有追求的、有自由选择空间的，而这种自由选择空间又可以实现自身的人生价值。这既是每个现代个体的理想，实质上又被当作现代文明对个体的承诺。在这个意义上，这些价值观念已经成为现代社会的“默认值”，并通过一系列基础性制度植入日常生活：现代法律系统承认每个人的主体性，以及基于这种主体性的人与人之间的平等；现代教育体系则被认为是最重要的社会机制，因为从理论上讲，它为现代人提供了弥合天然的出身不平等的可能，每个现代人都有接受教育的权利。不仅如此，现代社会发达的生产体系、复杂的分工体系和日新月异的技术进步也为现代人提供了多种通过职业实现自我的可能性；在个人生活领域，婚姻与爱情从过去的封建家长制、君主制和宗教权威中解脱出来，成为完全私领域的个人选择。

但是，对现代个体而言，这些默认值与承诺几乎无时无刻不在根本上制造着现代人的根本性张力。无论是由于资源所限，还是无可否认的个体性差异，这种现代性承诺都不可能在真实世界中得到兑现。个体感到自己有无限的可能，但现实则是被困在系统里整日做着重复性的甚至自认为“无意义”的工作，只为了拿那点儿工资以养家糊口；个体感到自己有无限的生活选择，但很多人还是要通过家里的安排或者相亲与他人结成伴侣，甚至婚姻也被理解为与感情无关的单纯功能性选择。在这种普遍的结构性紧张状况下，个体感受到的不是平等与自由，而是平等与自由的承诺没有被兑现，而且会反过来曲解现代社会关于平等与自由的基本内涵。个体感到自己的意志没有实现，自己的才能没有得到真正的施展，处在一个处处受到压抑的状态中。长时间处于这种紧张压抑状态的现代人，或消沉悲观，或情绪激动，或两者交错出现。

现代社会的另一个典型特征便是高度专业化的分工系统，

这个复杂的分工系统本身就如同一台高速运转的精密机器，而个体则是这台机器上的一个零件。机器上的零件有怎样的特征呢？它们在规定时间内持久地进行着重复性的劳动。实际上，现代职业系统中的人也处于这样的状态中，专业化的要求和训练可以最大限度地提升个体的劳动技能和劳动效率，但是高竞争的职业状态和后福特主义下形成的激励机制使个体陷入无限的“内卷”之中。与此同时，马克思所讲的“异化”状况又会迅速在个体生活中蔓延，因为基于薪酬而不是志业出现的“内卷”除了带来身体上的疲倦，还会带来意义感的消逝。更重要的是，这种分工系统所特有的标准化、流程化意味着它会带来极高的效率，也会带来极强的可复制性。在本书前面的章节中，我们已经看到了教育是如何变成流水线的，也看到了现代生活究竟是如何被掏空的。更值得注意的是，这种专业化的、流程化的理解世界的方式，也会演变成现代人理解自我的方式。很多人喜欢给自己的人生做细致的规划，而这种细致的规划本身意味着“分解任务式”的“人生流程”——似乎只有按照“在什么年龄做什么事情”这一逻辑思考的现代人，才配得上“理性”的标签。但在什么年龄做什么事情的本质是按照效用最大化的逻辑展开的，生活本身成了绝对手段，而它本来应是绝对目的。

这种状态下的现代人，实质上处于一种观念非常发达，但是肢体极度蜷缩的状态。正像卢梭的那句名言一样：人生而自由，却无往不在枷锁之中。这种观念-意志的发达与肢体-生活的蜷缩之间形成了巨大的张力，每当个体尝试在社会中舒展自我的时候，他都会经常碰壁，遭到社会或明或暗的“毒打”。而现代文明的物质水平和技术水平在整体上的提升，又使得很多现代人在出生时就跳脱了“温饱”逻辑而进入“更好”逻辑。但是，究竟什么是“更好”？究竟如何才能实现“更好”？在实现这两个字的征途中，个体的神经在这个张力结构中不断接受着拷问，其间或高或低、或急或缓的情绪又会有极大的风险被“系统”识别为各种心理疾病的生理表征，只能治疗，无处安放。

他者：生活世界的稀缺物

无论是抑郁症患者、躁狂症患者还是双相情感障碍患者，似乎都有一个共同的特点，便是处在一个无法与常人对话，甚至无法按照日常逻辑对其进行疏导与理解的状态中。他们似乎封闭了自我的心灵，“没人理解我”“没人懂我”几乎成了现代人的口头禅。为什么会这样呢？

在我看来，他者在我们的生活世界中成为稀缺物，是心理疾病成为“流行病”的重要底层逻辑。德国社会学家马克斯·韦伯有一句广为流传的名言：人是生活在自己编织的意义之网上的动物。但是人们在传播这句话的时候忘记了一点，那就是韦伯高度强调个体所赋予行动的主观意义，但是这个主观意义是需要被他者理解的。然而，现代人的生存处境和心灵结构，使得他者成了稀缺物。

一方面，现代个体有着前所未有的主体意识，它又集中体现在人与人之间越来越强的界限感上。无论在理论上还是在现实中，现代人看上去都拥有对生活的支配权，这种支配本身就构成了个人的神圣性，不容侵犯。因此，现代人处于对“我的生活”的高度敏感状态，不希望任何外物影响自己的生活，侵入自己的领地；与此同时，很多人出于同样的逻辑，会小心翼翼地介入“他人的生活”。这就造就了界限感强而又看上去高度文明的社会状态，但也在客观上造就了人与人之间的疏离甚至冷漠。仔细想来，这样的状态并不稀奇，如果个体在本原意义上已经成为社会系统中零件般的存在，彼此之间只有合作或者竞争的事务性关联，那么冷漠与疏离就成了新的自然状态。

另一方面，现代个体在现实中的体验远没有自己观念中的那么“自由”和“自主”，在更多依靠各种外部性规定维持秩序的现代社会中，人与人之间依靠着各种互不侵犯的“默认值”和外在的制度约定建立彼此之间的关联，同事之间、同行之间是“职业关系”，伴侣之间首先是受法律保护的财产关系和权利义务关系，甚至父母、子女之间也越来越依靠法律约定。在这个意义上，所有个体都处于受保护的状态，但是这些外部性约定在大多数情况下只能约束人的行为，很难真正管控人的内心意志。然而，作为群居性动物、具有主观意志和情感价值的人，总是有在心灵和情绪意义上彼此联结的现实需要。一个充斥外部性条约的现代社会，实质上形成了对这一需要的限制。

与此同时，发达的信息技术和新媒介形式又为现代人提供了更便利的工具：人们越来越喜欢“宅”在自我的小世界中，依靠手机在虚拟世界中尝试伸展自我。但是，他们忘记了一个最基本的自然规律：人类坚固的情感、真实的支撑，往往来自真实物理世界中的“经验”——所谓经验，就是经过与体验。我们知道“苦”，是因为品尝过药的味道；我们知道“累”，是因为这来自真实的生理体验；我们对父母、朋友、伴侣的思念和依赖等情感，则来自真实的共同生活经历。这些都并不来自应然性的“抽象观念”，而来自实然性的“具体经验”。

于是，现代社会出现了一个很有趣的现象：很多人在遇到生活困惑或者巨大挫折以至于情绪难以排遣的时候，往往选择完全的虚拟世界作为自己的出口。很多人既害怕自己得不到身边人的理解，又害怕自己的情绪过度影响他人，甚至侵犯彼此默认的界限感，于是会选择在类似“树洞”的社交网络上完全匿名化地讲述自己的遭遇，寻求来自四面八方的陌生人的支持。然而，这种支持的效果是短暂而脆弱的，它恐怕远远比不上父母朋友的真切相拥。因为那些陌生人是在高度自我保护主义之下形成的“虚拟他者”，我们不得不承认的是，这些虚拟他者可以为个体提供无害的慰藉，却因为完全陌生而无法做到完全与我们共情。人是群居性、社会性的高级动物，人的“高级”，不仅体现在我们可以通过复杂的社会分工构造系统生活，更体现在我们可以通过沟通交流实现理解共情。1992 年的电视剧《编辑部的故事》的主题曲中有这样一句歌词——“人字的结构就是相互支撑”，而理解则是这个支撑结构的本质。不唯如此，人与人之间的相互支撑还意味着现代个体需要“他者”进入自己的生命世界。这些可以“理解”个体的他者，在生活中与个体彼此充盈、彼此定义，同时也为个体建立了心灵后盾。他者的存在，让人类有可能走出抽象自我的“小世界”。然而，也正是在这个意义上，真切而具体的生命中的重要他者，正在从个体生活中消逝。

一个信息爆炸而又高度程序化的现代世界，是观念高度发达的世界。现代个体借由各种媒介技术和专业知识，可以使自己的观念“高度发达”，但是这种观念往往缺少真实的生活体验，于是，现代个体口中的“自我”越来越呈现虚空状态。人与人之间在技术上完全可以实现实时互联，但在共同生命经历的层面，他者已经与我们渐行渐远。当他者逐渐消逝时，理解自然也成为生活的稀缺物。

在《乐队的夏天》第一季某期中，主持人马东这样点评过一个乐队：“乐队是人与人的联结，而不是拼盘。”他的这句话，无情地讲出了每个现代人的真实处境。

以上，是心理问题在现代社会中成为“流行病”的一种社会学阐释。

15

困于过往

人为什么很难“断舍离”？

怀旧：随时随地发生的穿越

2020—2022 年，有两档娱乐节目非常引人关注，受到大家的追捧，就是《乘风破浪的姐姐》和《披荆斩棘的哥哥》。这两档节目也被网友戏称为“大型过气明星翻红 / 翻车现场”，因为它们所邀请的嘉宾，没有一位是当红的流量明星，而全部都是已经人到中年的歌手和演员。稍稍有些令人意外的是，这两档娱乐节目一经推出，就受到了观众的热捧，人们高呼着“爷青回”（我的青春回来了），不断发出“这是我的青春啊”之类的感叹。不仅如此，还有很多人将这档节目的评价拔高到了“重塑大众审美”的程度，认为这些年龄上已经“过气”的艺人，其实都有拿得出手的作品，只是因为影视与音乐行业对效率和流量的本质追求而渐渐退出舞台，让位给一些空有皮囊的流量明星，而这样一种“回归”方式，实际上产生了重塑大众审美的效果。

本章开头提及这一类型的综艺娱乐节目，并不是因为我要在这里从社会学角度讨论娱乐话题，而是因为这两档颇具代表性的综艺节目，实际上引发了无数人关于过往的回忆，也引发了人们对“怀旧”的讨论。互联网上有一句非常流行的心灵鸡汤：“来人间一趟，愿你不乱于心，不困于情，不念过往，不畏将来，如此，安好！”相信这句话所传达的是很多人憧憬的生活状态。但是，人真的可以做到不念过往吗？为什么在现实生活中，我们不仅很难做到不念过往，还时常出现不断地回忆过往，甚至困于过往的情况呢？

过往与回忆对以“不断向前”为主题的现代人来说，究竟意味着什么呢？在现实生活中，它们往往会在不同维度影响着我们，或滋养，或困扰。

近几年来，国内出品了不少叫好又叫座，甚至引发大众热议的电视剧，其中以犯罪悬疑为主题的不在少数，无论是《无证之罪》《心理罪》，还是火爆一时的《隐秘的角落》，这些犯罪悬疑剧或多或少都会引发大家关于原生家庭的讨论。所谓原生家庭，难道不是捆绑在现代人的肉身之上，不断对人构成困扰的最大的“过往”吗？

实际上，过往不只会困扰我们，也会默默滋养我们，比如我们手机音乐 App 中的那些下载到本地并且总是循环播放的老歌。2022 年夏，我和几个朋友开车去爬山，已经很久不在车里放音乐而只是听广播的我，想到车上还有其他好友，就打开 App 随机点开一个本地歌单，放出的第一首歌就是 Beyond（中国香港摇滚乐队）的《海阔天空》。当熟悉的旋律响起时，我莫名浑身起鸡皮疙瘩，这些鸡皮疙瘩和“上头”的感觉，实际上也是过往对人的滋养。

现在互联网上流行着“爷青结”（我的青春结束了）和“爷青回”这组对应的流行语，前者是在喟叹“青春已逝”，后者则是在欢呼“青春又回”，这一来一去之间，全是过往。生活总是给我们上演一幕又一幕“回忆杀”，故地重游、老友重逢、旧事重提都属于这个范畴。如果你去参加同学聚会，你一定会发现一个有趣的现象：一场正常的（非攀比的）同学聚会上，最早出现的是彼此之间的寒暄和关于近况、八卦信息的各种“交换”，但是当酒过三巡、菜过五味之后，同学聚会的传统保留节目才开始，“忆往昔，峥嵘岁月稠”成为固定出现的主题。大家纷纷回忆起青春岁月，或嬉笑怒骂，或畅饮开怀，“想当年”“想当初”“你还记不记得”都会成为高频词句。

当我们在怀旧时，我们“怀”的究竟是什么？人为什么总是活在过去？我们究竟可不可以“不念过往”地前行和生活？对这些问题进行思考和讨论，并不意味着我们要进入“矫情”的状态，而是因为它其实关乎现代生活的本质。

今昔：无意识中产生的对比

一般而言，大家对怀旧的理解和解释，很多都建立在“无意识比较”这一框架下。人作为一种具有主观意志和认知能力的社会性动物，其本身的认知是建立在记忆层面的，这种以记忆为主体的认知机制会在我们的生活中塑造一种潜意识的或无意识的对比，这种对比不只停留在自我与他者之间，更容易体现在过去与现在的对比中。

例如，当80后、90后回忆起自己的青少年时期时，很多人的焦点在于“从前慢”，他们回忆过去相对慢节奏的生活，这种回忆很大程度上来自快节奏、高度“内卷”的生活所带来的困顿。还有很多人会怀念学生时代的青春岁月，因为校园生活中的人际关系是相对简单、纯粹、没有目的性的，这与尔虞我诈、全都是外部性关系的职场关系形成了鲜明的对比。在我的同龄人中，还有很多人回忆过去的“筒子楼”生活，筒子楼是对计划经济时代北方城市单位所建的职工宿舍的统称，那些筒子楼无论在面积、户型还是装修水准上，都远远比不上现在的住宅，为什么还要回忆甚至怀念呢？实际上，人们怀念的是筒子楼时代那种熟人社区的温情氛围，因为现在我们大多数人处在“举目无亲”的状态中，很多人连住在隔壁的邻居都没怎么见过。同样地，很多童年时期在乡村度过的人，也会怀念过去的田园，因为随着城镇化进程的发展，过去弥散于田园的乡土气息渐渐消失了，村庄中的道路可能变得平整了，房子也更洋气了，但是人与人之间的联结不如过往紧密了。这种新旧对比的生命体验与记忆机制，特别是基于对当下生活状态的困顿或者不满而出现的怀旧，是最容易被理解的。

这种在时间序列上形成的对比机制，在代际也会非常明显地体现出来。无论现在读到这些文字的朋友处在什么年龄段，我们大概率都会有这样类似的经历：父母一辈对我们进行“谆谆教诲”，往往也会采用忆苦思甜的怀旧方式。在这一过程中，除了“别人家的孩子”，就属“当年我们如何如何”这一句式出场率最高了，而当我们步入中年，成为“前辈”的时候，我们往往也逃脱不了这种回忆式教导的叙事。仔细想来，这种固定的思维模式本质上也是一种怀旧。

除了新旧对比，日常生活中的怀旧很多时候还来自空间易置。比如，有过长时间海外生活经历的朋友，大概会执着于“家乡的味道”。我的一个移民海外的朋友，每次回国都要购买很多只有天津才有的调味品，每当我们嘲笑他回来一趟竟然要带这些调味品走的时候，他都会用“你们不知道这个味道对我有多重要”作为回答。这种空间上的易置使得他们与自己的过往产生了严重的物理疏离。这只是诸多例子中的一个，它虽然是个例，却具有某种普遍意义，因为现代社会具有高度流动性，很多人在成年后都不在自己长大的地方生活，但是已经形成了对故乡的种种记忆与认知，甚至形成了某些习惯。因此，当他们无法在当下生存的空间中找到那些东西时，同样会产生对比效应，只不过这个对比效应并不属于时间维度，而属于空间范畴。

以上是对怀旧的一般性阐释，这种理解方式是对一种已经失去的或者很难获得的东西的情绪性追溯。

当下：生命历程镌刻的个体

然而，在我看来，怀旧并不只是基于对当下的某种不满或者对逝去之物的某种追溯这么简单。而且，在本质上，这涉及社会学的一系列基本命题。

现代人怀旧行为的本质究竟是什么？在从学理上展开对这个问题的讨论之前，我想先分享一个小小的故事。2020 年，我有幸成为北京大学人文社会科学研究院的访问学者，能够和其他高校、其他学科的同人在一起驻访工作三个月，更难得的是，当时我们还有幸在其中一位来自敦煌研究院的驻访学者的组织与邀请下，集体前往河西走廊进行为期一周的学术考察。整个过程中，来自不同领域的人文社科学者在历史现场进行了充分的交流与讨论，我们每天都在一个又一个田野现场，整个考察行程紧凑而充实，无数场景都深刻留在了我们的生命中。我记得有一天晚饭后，大家走路回酒店时，途中偶然路过一座非常有特色的“民间博物馆”。在当地朋友的邀请下，我们进入参观，大家浓浓的分享欲被激活了，因为这座博物馆就是以“怀旧”为主题的，里面展出的全是20世纪90年代之前最常见的日常生活用品。从统一制式的暖瓶、茶缸，到同一花色的床单、被罩，还有各式各样的普通农具、衣服和老式书包，甚至连三四十年前街上罕见的吉普车和摩托车都各有一辆。大家参观着这些展品，纷纷讲述自己对过往生活的回忆，如数家珍，不亦乐乎。

从理论上说，三四十年前的日常生活世界，无论是从物质水平、技术水准还是人们普遍的认知程度来说，都远不如现在“进步”，那么大家为什么如此兴奋地回忆过往呢？当然，我们同样可以将“回忆那时候的氛围”作为这个问题的答案。但其实并不尽然。其本质答案在于，那些过往和历史，无论先进落后，无论酸甜苦辣，都已经以各种形式镌刻在我们的生命中，不断塑造着我们的“自我”。仔细想想，我们每个人性格的形成、气质的养成，乃至思维方式和行事逻辑的生成，实际上是各自生命历程中各种要素不断堆积并发生耦合作用的结果。很多已经被我们淡忘的过往或者我们从来不以为然的日常，都默默地在我们的身体上和生命中留下了自己的烙印。这些我们意识到或者无法意识到的要素，以习惯、情感、观念乃至“脑回路”等各种方式执拗地留在个体的生命之中。尽管随着时间的推移和岁月的流逝，它们已经成为我们的集体无意识，甚至很多不好的经历会被我们以各种方式主动抛弃，但它们总会在某个不经意的时点突然被激活——当我们坐在车里听到一首老歌时是这样，当我们阔别家乡多年又尝到儿时的味道时是这样，当我们与有着共同生活经历、生命历程以及生命体验的人畅快沟通时也是这样。那些并不是刻意的回忆，很多时候也不来源于对当下困顿的不满，只是因为那些回忆本身就是生命的重要组成部分，并曾经深刻刻画了我们的样子，它们顽固地留在我们的生命中，静静地停在某个隐秘的角落，随时可能被唤醒。回忆的本质，是人对“遗忘的自我”的唤醒与激活。

在这个意义上，经常在战争电影中出现的 PTSD（创伤后应激障碍）也是一种回忆，是对生命过往的一种“另类唤醒”，原生家庭和童年阴影实质上也有同样的基础逻辑。这些不好的回忆，实质上也是对每个人生命历程中那些“暗面”的唤醒，让我们在不经意间沉浸其中。

《没有人是一座孤岛》是 16 世纪英国诗人约翰·多恩的一首诗，其中有几句是这样的：“任何人的死亡，都是我的减少，作为人类的一员，我与生灵共老。丧钟在为谁敲，我本茫然不晓，不为幽明永隔，它正为你哀悼。”对于这首诗，不同的人会有完全不同的理解。从本义上看，这首诗传达的是人类是一个整体，人与人之间休戚与共、息息相关。在我看来，“没有人是一座孤岛”的真实含义在于，身处现代世界的个体都是具有独立意志的主权个人，在理论上享有绝对的神圣性。但是，这并不意味着我们孑然独立地存活于世，因为所有个体的生命历程，都是在一定的历史时空中展开的，其所经历的事、遇到的人、读过的书、生活过的地方、从事过的工作，以及原生家庭、父母、兄弟姐妹、国别家乡，都会在我们的生命历程中默默地留下印记，构成我们的“过往”，或成为滋养我们的港湾，或成为困住我们的枷锁。我们每一个所谓的“当下”，都是由这样独特的过往堆积而成的。

人类：不断负重前行的物种

“社会”是个在中文语境中非常难以理解的词语，然而说白了，所谓“社会”，其本质就是人的聚合形态（群体）。因此，严复先生在将关于 society（社会）的学问 sociology 翻译成中文时，最初的译法是“群学”。然而，群体是一个含有复杂内涵的概念，国家、部落、社区、村庄、城市、工厂、学校乃至所谓的文明（civilization）都属于广义上的“群体”。如果我们按照这样的方式理解“社会”，那么不同层面的“社会”都会对身处其中的个体产生“镌刻”效果，并形成个体的过往。

在学生时代，我上过一门课，这门课主要讲授的内容是历史。课后我问了老师一个问题：为什么学社会学的人要上一门主要讲历史的课程呢？历史对于我们有什么意义呢？这位老师的回答给我留下了非常深刻的印象：“我自己是一个非常拒绝集体生活的人，非常排斥参加各类集体活动，也不愿意被组织。2003年，也就是‘非典’流行那一年，我刚好去海外读书，当时海外的高校都还没有我们这种组织机制——早上按照班级、院系等测体温，然后逐级上报、逐级筛查，我所在的高校就非常想把这个机制建立起来，却一直没成功。后来，我读博士的那所高校把这个机制建立起来了，怎么建立的呢？就是依靠我们这些中国留学生。从那一刻起，我才意识到，无论我是不是个特立独行的人，无论我是不是骨子里的个体主义者，对被组织、对集体生活有没有排斥的态度，从小到大的所有经历和我所处的制度环境都已经默默在我的身体里留下了烙印，它们成为我生命本能的一部分，哪怕我没有意识到，甚至哪怕我不喜欢，这些东西也会刻在我的生命中。这就是历史的意义。”

以上这些文字，就是本章讨论的“过往”。它时时刻刻在以各种方式留在我们的身体里。法国社会学家福柯有句名言：“这个身体就是铭记事件（语言标记了事件，思想又消解了事件）的层面，是自我拆解的处所（自我在此表现为一个统一实体的幻象），是一个一直处于风化中的器物。”[100]福柯的文字固然带有某种隐喻内涵和哲学修辞，但即使在现实生活中，我们也能感受到作为“容器”的身体的具体内涵，因为制度也好，风俗也罢，甚至是日常生活中的衣食住行，都会在我们的身体上留下烙印。人类学家马塞尔·毛斯也发现，人类会从自己的日常生活经验中形成自身的身体技术，所谓身体技术，用学术语言表达就是，人们在不同的社会中根据传统了解、使用他们身体的各种方式。[101] 实际上，身体技术没有那么复杂，它体现在我们的各种日常生活习惯上，比如，一个西方人无论如何都不会在使用刀叉的方式上显得生疏、不习惯，也不会在就餐礼仪上出现差池，而一个中国人也大概率不会出现无法熟练使用筷子的情况。这些便是所谓生活习惯中的身体技术，只不过我们平时很难意识到这些“过往”的存在。

人类行为与社会环境，是现代人文社会科学的一个经典命题。一个人的个性、习惯、气质、性情的形成，究竟是基因的作用，神圣的自由意志的体现，还是社会环境塑造的结果呢？随着现代科学中基因工程的不断发展，人类似乎越来越相信人的性格与个性是基因序列排列组合的结果，甚至会认为它们是可以被后天技术改变的。然而，在社会学研究者看来，社会虽然是肉眼无法直接观察到的，但这并不意味着它不存在。相反，社会往往以各种方式留在个体的生命经验之中。

马克斯·韦伯在《新教伦理与资本主义精神》一书中敏锐地揭示了经历新教改革的清教徒所具有的集体伦理人格这种将对利润的追逐刻入骨血的精神气质与性情倾向，其背后有着“证呈上帝荣耀”和“天职观念”的宗教内涵，并且构成了资本主义蓬勃发展的重要文化基础。[102] 而爱德华·汤普森则通过对 18 世纪英国社会中平民文化的考察，揭示了他们在生活世界中共享的行为习惯，并细致描摹了这种平民文化的独特性与整体性，进而揭示了英国工人阶级形成的社会基础。[103] 卡尔·马克思则敏锐地意识到，工业文明的逻辑在现代世界的疯狂扩张，构成了现代人生活世界的基础制度环境，不断塑造着现代人的“异化”倾向。

凡此种种，都是加诸现代个体之上的过往，它们如此隐秘而不易察觉，却在我们的生命中留下了或浓或淡而又挥之不去的印记。即便我们通过自身的努力从纯体力劳动者变成白领，甚至告别打工人的命运成为老板，那些我们工作过的生产线、奋斗过的旧厂房、蜗居过的“老破小”，都已经成为我们自身的一部分，哪怕我们不愿再主动回忆那些不堪的过往，它们也会时不时跳出来——因为它们已经是生命的一部分，只是经常处于沉睡状态。

有句俗话叫“一方水土养一方人”，这里的“水土”，便是我们的过往。尽管我一直反对“地图炮”，但是仔细想来，非恶意的“地图炮”也不是全然没有道理的。其背后的内在逻辑不就是一方水土养一方人吗？它不是别的，就是我们在那些水土的滋养下形成的共有习惯。读到这里，或许你依然存有疑问：这个逻辑岂不是在否认个体的独特性吗？恰恰相反，由于现代社会的高度流动性，以及充满神圣意味的自由意志和独立意志，每个现代人在理论上都有着最独特的生命历程，这种独特的生命历程是无法复制的。举一个前文提过的简单例子，作为天津人，家乡煎饼馃子的味道是我的“过往”，每次有朋友去天津旅行，总会问我这些问题：天津有什么好吃的？哪里的煎饼馃子最好吃？除了这些，还有没有其他好吃的小吃？面对这些问题，我总是做出这样不负责任的回答："最好吃的煎饼馃子，永远是我家楼下那家。"不过，还真有朋友刨根问底地问我具体位置，并且去亲自尝试了。但从他的反馈来看，对他来说，我家楼下的那家煎饼摊的煎饼馃子味道不过尔尔。为什么呢？因为它是我的独家记忆，它在我的生命历程中的位置和意义是我所独有的，是别人不可复制、无法体验的。

社会是由人组成的，而人类则是不断背负着过往向前"爬行"的物种。在这个意义上，每个人都处在"困于过往"的状态中，但是，这不仅不悲怆，反而很自然。

后记

当我在 2003 年那个炙热的夏天拿到南京大学录取通知书的时候，我完全被通知书上的“社会学”三个字震慑住了。我不知道它究竟为何物，也不知道等待我的“未来”是什么，更没有想过这竟然会成为我的志业——对一个中学生而言，要弄清楚 sociology 是什么，确实是个过高的要求。在那个互联网还不发达，笔记本电脑并不普及，蓝屏手机都还是个稀罕物件的年代，我跑到新华书店，找到了一本我现在已经忘记书名的社会学教材。我在打开第一页之后就陷入了深深的绝望，因为那上面写着：“社会学就是用社会学的理论和方法，研究和解决社会问题的学问。”这是一句标准的“正确的废话”，也是“用 A 解释 A”的典型案例。

到大学报到后的新生见面会上，当时负责本科生教学的贺晓星老师突然问我们：“你们班有多少人的第一志愿是社会学呀？”38 人中有 3 人默默举起了自己的手。“我要恭喜剩下的 35 位同学，因为不是你们选择了社会学，而是社会学选择了你们。”语言是一门艺术，因为不同的表述方式会产生完全不同的效果，“社会学选择了你们”竟然让人有种自己是“天选社会人”的错觉。2017 年，我们南京大学社会学系 2003 级本科毕业生回母校参加毕业十周年活动，跟贺老师聊起这段故事，贺老师惊讶道："是吗？我还说过这么有水平的话呀！"本科四年的生活是难忘的，因为在这四年中，通过阅读和田野调查，我产生了对社会学的兴趣，我发现这门"边界不清"、有些"抽象晦涩"的学问似乎可以回答生活中的很多困惑，但坦率地说，那个时候的我还不太能够读懂涂尔干、韦伯以及托克维尔的作品，我对这些书充满兴趣，却又总觉得它们莫名有种"高级感"，或许是由于求知欲，也或许是由于虚荣心，我一直没有失去把这种"高级感"弄明白的动力。

除了阅读之外，田野调查对一个二十出头的年轻人来说也是极具吸引力的，它极大地满足了我对外部世界的好奇，也满足了我对"谈资"与"阅历"的需求。但是，在一次次田野调查中，我慢慢体会到的是自我的"有限"与"抽象"。年轻的自己有着对世界的想象、对观念的着迷，又会按照抽象观念来理解生活世界，形成对世界的批判，甚至以尖刻的批判和特立独行的叛逆为自身"装点"。帮我在无形中去除这些的，依然是社会学。

本科毕业后，我到中国政法大学社会学院读研，后来又到清华大学社会学系读博。我很难用语言和文字表达出这七年读书生活对自己的意义。但是，那些具有"高级感"的书，我是从这个时候才开始逐渐读懂的，在田野中"放下自己"，也是从这个时候开始慢慢学会的。

读研究生的时候，我们有读书会的传统，有的读书会每两周一次，有的读书会每周一次，一次最少半天，雷打不动。其内容是大家集体阅读经典著作，比如我们和渠敬东教授组织的黑格尔小组一起用了好几年共同研读《精神现象学》，和应星老师一起花了一年多读完了洛克的《政府论》，花了两年多读完了伍德的《美利坚共和国的缔造》。这种共同读书的集体生活，给了年轻人最宝贵的滋养。读书会还有另外一种形式，就是师门内的人每两周要报告自己的论文进展，并接受大家的"口诛笔伐"。记得有一次，我刚从唐山下面的一个村子做田野调查回来，做田野汇报。对一个从小在城里长大、在城里生活的年轻人来说，田野工作中这几个月的乡村生活，是美好而难得的。所以我在田野报告中描绘了一幅男耕女织的田园诗意画，并以具有高度反思性的方式批判着"现代"、"机器"和"工业"。汇报完之后，我的师兄直接开火："小孟，一看你就没有好好做田野调查！"还不等我争辩，他就继续说道："田野调查要求同吃同住同劳动，你这个田野报告一看就是偷懒了，没和人家一起下地干农活儿。我就是农村出来的，你只要认真干过农活儿，就不会写出这种田园诗一般的田野报告，就知道面朝黄土背朝天地干一天，最大的感受不是这些伤怀和抽象的批判，而是'累'，身体上的累，最直观的疲倦。有了这层体会，你再来讲你对乡村、工业、现代这些问题的判断。"

在我的记忆中，没有什么例子能够比这个更说明什么是

“抽象的观念”了。那些没有真切的经历与体验感受的观念，那些只停留在脑海中、书本中或者其他形态的文本载体中的“应该如何如何”，都是抽象的。我总是在重复说，现代个体的存在形态，是观念的高度发达与现实的极度蜷缩并存，这种共存的状态几乎塑造着现代人的所有“焦灼”——理想与现实、应然与实然，概莫能外。在我看来，社会学是帮助我们克服这种状态的学问，它是温柔而具体的。

说它是“温柔”的学问，是因为它要求从事社会学学习与研究的人，以坦诚而非“意气”的方式去面对自己的研究对象。当我们阅读经典时，我们要弄清的是作者的语境、逻辑乃至情感；当我们在田野中时，我们则要“将心比心”，设身处地。这些，都是非“温柔”不可得的东西。社会学更是一门具体的学问，因为它要求我们以“具体”而非“抽象”的方式思考问题，警惕一切简单抽象的观念对自己可能产生的影响。比如在阅读韦伯的作品时，我们要杜绝这样的理解方式：韦伯最厉害的地方是，他告诉我们资本主义制度的兴起是由于西方宗教改革。这就是一种最典型的抽象理解方式，因为韦伯所讨论的是一种非因果的选择性亲和关系。再比如，我们应该如何面对自己的田野调查对象？单纯地对他们的行为做记录并套用各种概念进行简单评价就是抽象的，而了解田野调查对象每个社会行动的主观意义、客观结构性限制及其具体情境就是具体的。在这个意义上，社会学要求每个人暂时放下虚幻的、妄自尊大的“自己”，以一种真诚而朴素的心态去面对自己的周遭与生活世界。

在我看来，我所有的学习经历，我在有限的职业生涯和人生旅程中遇到的师长、朋友，以及我的家人，都是社会学的“馈赠”，因为他们以及与他们的共同生活不断塑造着我的“自我”。我并不知道它有没有变“好”——好与坏没有标准，但我知道，它变得丰富了，也变得具体了。

现代人经常将“为他人着想，为自己活着”这句话挂在嘴边，一方面标明个体的独立性，一方面彰显自己不是个“自私的人”。这句话没有错，但我总觉得，把这句话倒过来依然成立。“为他人活着，为自己着想。”为他人活着似乎是个令人无法接受的说法，但仔细想想，一个生活世界中容纳不了他者的“自我”，不只是孤独的，更是虚空的。我们或许应该认识到的事情是：没有那些重要的他者，就没有“自我”；所谓意义，是在与重要的他者共同的承载中才真实存在的东西。或许这才是现代社会与现代个体的真实境况。所以，要感谢生命中的重要他者，不只因为情谊，更因为在共同的生命历程中，我们彼此塑造，彼此联结。

这本书能够出版，要感谢中信出版社的支持，也要感谢爱道思人文学社的小伙伴。在这几年的相处中，我们也成为彼此生命中的重要他者。最后，还要感谢我的师弟，北京大学的历史学博士何必同学，没有他主理的播客“东腔西调”，就不会有这本书的出现。在播客“闲聊”的过程中，我们慢慢有了把语言变成文字的想法，并最终通过大家的共同努力将这个想法实现。

这本书并不传播规律或者定理，它只是一些不一定正确的个人见解，将它们分享给大家，是我对“社会学究竟意味着什么”的一次回答。

现代人在劫难逃，但没有人是一座孤岛。

珍惜那些在生命中定义了我们的重要他者，是每个现代人的必修课。

孟庆延

2022年12月4日于北京寓所

注释

1. 涂尔干 . 社会分工论［M］. 渠敬东，译 . 北京：生活 · 读书 · 新知三联书店，2017.
2. 涂尔干 . 涂尔干文集：第 4 卷　宗教生活的基本形式［M］. 渠敬东，汲喆，译 . 北京：商务印书馆，2020.
3. 费孝通 . 乡土中国　生育制度　乡土重建［M］. 北京：商务印书馆，2011.
4. 实际上，在中国传统社会中，政治系统与血缘系统并不是割裂的，它们通过科举制度联系起来，其核心则是对“道德”的强调——无论是君主还是普通人，都以做个“有德明君”或“道德善人”为人生的旨归，人生的意义表面上被政治神圣与血缘尊亲赋予，但其本质则是不断实现儒家“教化成仁”的道德属性。正因如此，钱穆先生在《中国历代政治得失》一书中将科举制度视为中国传统社会最重要的社会制度。因为科举制度表面上是一套“激励机制”，但实际上，无论是天子还是公卿士大夫和庶人，都需要从小受四书五经的礼乐教化，而几乎所有的儒家经典中最重要的内容就是对道德伦理的强调。简单来说，对中国传统社会而言，通过读儒家圣贤之书懂得做人的道理，进而在日常生活中做一个道德至善的君子，遵守伦理规范的约束，就是“生活”的意义所在。

5. 马克斯·韦伯提出了“价值域”这一概念。

6. 韦伯 . 新教伦理与资本主义精神［M］. 阎克文，译 . 上海：上海人民出版社，2018.

7. “祛魅”是马克斯·韦伯的概念，要理解这个概念，就要先理解什么是“魅”。所谓“魅”，就是指那些不可言说、不可用现代理性逻辑证实也不可证伪的存在形态。比如，我们说一个人“有魅力”，但这个人的魅力很可能不来自长相的标致，而是来自无法言说的人格和气质。因此，现代来临之前的宗教，实际上就是这样一种“先验论”的存在，而世俗化程度越高的宗教，其祛魅的程度就越高，“魅惑”和不可言说的程度也就越低。

8. 涂尔干 . 职业伦理与公民道德［M］. 渠敬东，译 . 北京：商务印书馆，2015.

9. https://www.nbd.com.cn/articles/2022–10–27/2516710.html.

10. 《2022 年 1—6 月中国游戏产业报告》项目组 . 2022 年 1—6 月中国游戏产业报告［R/OL］.（2022–08–19）［2022–12–26］.https://www.cgigc.com.cn/details.html?id=o8da81c5-4133-4811-82e2-c78bb821alf5&tp=report.

11. 卡斯特 . 网络社会的崛起［M］. 夏铸九，王志弘，等译 . 北京：社会科学文献出版社，2001.

12. 韦伯 . 新教伦理与资本主义精神［M］. 阎克文，译 . 上海：上海人民出版社，2018：327.

13. 姜宇辉 . 游戏何以政治？［J］. 读书，2022（9）.

14. 叶启政 . 象征交换与正负情愫交融：一项后现代现象的透析［M］. 北京：商务印书馆，2021：239.

15. 《2022 年 1—6 月中国游戏产业报告》项目组 . 2022 年 1—6 月中国游戏产业报告［R/OL］.（2022–08–19）［2022–12–26］.https:// www.cgigc.com.cn/details.html?id=08da81c5-4133-4811-82e2-c78bb821a1f5&tp=report.

16. 叶启政 . 深邃思想系链的历史跳跃：霍布斯、尼采到弗洛伊德以及大众的反叛［M］. 北京：商务印书馆，2021：319.
17. 哈贝马斯 . 交往行为理论：第一卷［M］. 曹卫东，译 . 上海：上海人民出版社，2018.
18. 钱穆 . 中国历代政治得失［M］. 北京：生活 · 读书 · 新知三联书店，2018.
19. 埃利亚斯 . 文明的进程［M］. 王佩莉，袁志英，译 . 上海：上海译文出版社，2018.
20. 韦伯 . 社会学的基本概念　经济行动与社会团体［M］. 康乐，简惠美，译 . 广西师范大学出版社，2011.
21. 哈贝马斯 . 交往行为理论：第一卷［M］. 曹卫东，译 . 上海：上海人民出版社，2018.
22. https://www.zhihu.com/question/38799810.
23. https://baijiahao.baidu.com/s?id=1737015955280504424&wfr=spider&for=pc.
24. 洛克 . 政府论：上、下篇［M］. 瞿菊农，叶启芳，译 . 北京：商务印书馆，2022.
25. 戈夫曼 . 日常生活中的自我呈现［M］. 冯钢，译 . 北京：北京大学出版社，2022.
26. 福柯 . 规训与惩罚［M］. 刘北成，杨远婴，译 . 北京：生活 · 读书 · 新知三联书店，2012：4.
27. 福柯 . 规训与惩罚［M］. 刘北成，杨远婴，译 . 北京：生活 · 读书 · 新知三联书店，2012：6.
28. 福柯 . 规训与惩罚［M］. 刘北成，杨远婴，译 . 北京：生活 · 读书 · 新知三联书店，2012：224.
29. 福柯 . 无名者的生活［EB/OL］. 李猛，译. https://wenku.baidu.com/view/95352778. ae02de80d4d8d15abe23482fb4da02f9.html?_wkts_=1669687524587&bdQuery=%E7%A6%8F%E6%9F%AF+%E6%97%A0%E5%90%8D%E8%80%85%E7%9A%84%E7%94%9F%E6%B4%BB.

30. 具体新闻可见：https://baijiahao.baidu.com/s?id=1748793233869330421&wfr=spider&for=pc。

31. 叶启政．深邃思想系链的历史跳跃：霍布斯、尼采到弗洛伊德以及大众的反叛［M］. 北京：商务印书馆，2021：322.

32. 勒庞．乌合之众：大众心理研究［M］. 冯克利，译．桂林：广西师范大学出版社，2015：141.

33. 涂尔干．涂尔干文集：第4卷　宗教生活的基本形式［M］. 渠敬东，汲喆，译．北京：商务印书馆，2020.

34. 洞见研报.2021年医美行业研究报告："颜值经济"下的万亿级市场［R/OL］.（2021–11–23）［2022–12–26］.https:/www.djyanbao.com/report/detail?id=2904702&from=Search.list.

35. 戈夫曼．日常生活中的自我呈现［M］. 冯刚，译．北京：北京大学出版社，2008.

36. https://new.qq.com/rain/a/20210623A09SL800.

37. https://zhuanlan.zhihu.com/p/141093914.

38. 里茨尔．社会的麦当劳化［M］. 顾建光，译．上海：上海译文出版社，1999.

39. 库利．人类本性与社会秩序［M］. 包凡一，王湲，译．北京：华夏出版社，2015：131.

40. 费孝通．我看人看我［J］. 读书，1983（3）：99–103.

41. 托克维尔．论美国的民主［M］. 董果良，译．北京：商务印书馆，2017：331.

42. 李泽厚．美的历程［M］. 北京：生活·读书·新知三联书店，2009：217.

43. 埃利亚斯．文明的进程［M］. 王佩莉，袁志英，译．上海：上海译文出版社，2018.

44. 福柯．安全、领土与人口［M］. 钱翰，陈晓径，译．上海：上海人民出版社，2018：135.
45. 福柯 . 安全、领土与人口［M］. 钱翰，陈晓径，译 . 上海：上海人民出版社，2018：137.
46. 韦伯 . 经济与历史　支配的类型［M］. 康乐，等译 . 桂林：广西师范大学出版社，2010：198.
47. 帕克，等 . 城市［M］. 杭苏红，译 . 北京：商务印书馆，2016：5.
48. 徐霞客 . 徐霞客游记［M］. 朱惠荣，译注 . 北京：中华书局，2009：10.
49. 梁启超 . 欧游心影录［M］. 北京：商务印书馆，2014.
50. https://www.mct.gov.cn/whzx/ggtz/202006/t20200620_872735.htm.
51. 凯鲁亚克 . 在路上［M］. 王永年，译 . 上海：上海译文出版社，2006：12.
52. 渠敬东 . 山水天地间：郭熙《早春图》中的世界观［M］. 北京：生活·读书·新知三联书店，2022：4.
53. 钱穆 . 现代中国学术论衡［M］. 北京：生活·读书·新知三联书店，2016：231.
54. 应星 . 中国社会［M］. 北京：中国人民大学出版社，2015：86.
55. 钱穆 . 中国历代政治得失［M］. 北京：生活·读书·新知三联书店，2018：6.
56. 应星 . 中国社会［M］. 北京：中国人民大学出版社，2015：89.
57. 孟德拉斯 . 农民的终结［M］. 李培林，译 . 北京：社会科学文献出版社，2010：211.
58. https://baike.baidu.com/item/%E6%92%A4%E7%82%B9%E5%B9%B6%E6%A0%A1/3616156?fr=aladdin.
59. 徐宗阳 . 内外有别：资本下乡的社会基础［M］. 北京：社会科学文献出版社，2022.
60. 费孝通 . 江村经济［M］. 北京：商务印书馆，2001：238.
61. 费孝通 . 费孝通全集：第 10 卷（1983—1984）［M］. 呼和浩特：内蒙

古人民出版社，2009：369.
62. 过聚荣．民宿蓝皮书：中国民宿发展报告（2020～2021）［M］．北京：社会科学文献出版社，2021：14.
63. 费孝通．乡土中国　生育制度　乡土重建［M］．北京：商务印书馆，2011：9.
64. 费孝通．乡土中国　生育制度　乡土重建［M］．北京：商务印书馆，2011：10.
65. 道格拉斯．洁净与危险——对污染和禁忌观念的分析［M］．黄剑波，柳博赟，卢忱，译．北京：商务印书馆，2018.
66. 孟子．孟子［M］．方勇，译注．北京：中华书局，2018：90.
67. https://new.qq.com/rain/a/20210607A026I500.
68. https://m.thepaper.cn/baijiahao_17975441.
69. 路风．单位：一种特殊的社会组织形式［J］．中国社会科学,1989（1）.
70. 齐美尔．货币哲学［M］．许泽民，译．陈维政，校．贵阳：贵州人民出版社，2019.
71. 周飞舟．以利为利：财政关系与地方政府行为［M］．上海：上海三联书店，2012：236.
72. 钱穆．国史大纲［M］．北京：商务印书馆，2013：1.
73. 费孝通．乡土中国　生育制度　乡土重建［M］．北京：商务印书馆，2011.
74. 涂尔干．社会分工论［M］．渠敬东，译．北京：生活·读书·新知三联书店，2017.
75. 布尔迪厄，帕斯隆．再生产［M］．邢克超，译．北京：商务印书馆，2021.
76. 韦伯．新教伦理与资本主义精神［M］．阎克文，译．上海：上海人民出版社，2018.
77. 斯科特．农民的道义经济学：东南亚的反叛与生存［M］．程立显，刘建，等译 . 南京：译林出版社，2013：1.

78. 马克思 . 资本论：第一卷［M］. 中共中央马克思恩格斯列宁斯大林著作编译局，编译 . 北京：人民出版社，2009：88–90.

79. 王宁 . 从苦行者社会到消费者社会：中国城市消费制度、劳动激励与主体结构转型［M］. 北京：社会科学文献出版社，2009.

80. 韦伯 . 新教伦理与资本主义精神［M］. 阎克文，译 . 上海：上海人民出版社，2018.

81. 鲍德里亚 . 消费社会［M］. 刘成富，全志钢，译 . 南京：南京大学出版社，2014：1.

82. 加卢佐 . 制造消费者：消费主义全球史［M］. 马雅，译 . 广州：广东人民出版社，2022：209.

83. 国家统计局 . 第七次全国人口普查主要数据情况［EB/OL］. (2021–05–11)［2022–12–26］.http://www.stats.gov.cn/tjsj/zxfb/202105/t20210510_1817176.html.

84. 埃利亚斯 . 文明的进程［M］. 王佩莉，袁志英，译 . 上海：上海译文出版社，2018.

85. 福柯 . 安全、领土与人口［M］. 钱翰，陈晓径，译 . 上海：上海人民出版社，2018.

86. https://baijiahao.baidu.com/s?id=1744636687884608518&wfr=spider&for=pc.

87. 福柯 . 性经验史［M］. 佘碧平，译 . 上海：上海人民出版社，2005.

88. 韦伯 . 韦伯作品集Ⅶ：社会学的基本概念［M］. 顾忠华，译 . 桂林：广西师范大学出版社，2005：3.

89. https://new.qq.com/rain/a/20221011A094IW00.

90. https://baijiahao.baidu.com/s?id=1719816337651682726&wfr=spider&for=pc.

91. https://wenku.baidu.com/view/5f206428084e767f5acfa1c7aa00b52acfc79cfd.html?_wkts_=1670249532000&bdQuery=%E4%B8%AD%E5%9B%BD%E7%B2%BE%E7%A5%9E%E9%9A%9C%E7%A2%8D%E5%8

8%86%E7%B1%BB%E4%B8%8E%E8%AF%8A%E6%96%AD%E6%A0%87%E5%87%86%E7%AC%AC%E4%B8%89%E7%89%88%28CCMD–3%29.

92. 迪尔凯姆．自杀论［M］．冯韵文，译．北京：商务印书馆，1996.

93. 福柯．疯癫与文明［M］．刘北成，杨远婴，译．北京：生活·读书·新知三联书店，2019：25.

94. 福柯．古典时代疯狂史［M］．林志明，译．北京：生活·读书·新知三联书店，2016：263.

95. 福柯．古典时代疯狂史［M］．林志明，译．北京：生活·读书·新知三联书店，2016：271.

96. 弗洛伊德．精神分析引论［M］．高觉敷，译．北京：商务印书馆，2004：8.

97. 孙飞宇．从灵魂到心理：关于经典精神分析的社会学研究［M］．北京：生活·读书·新知三联书店，2022.

98. 萧易忻．“抑郁症如何产生”的社会学分析：基于新自由主义全球化的视角［J］．社会，2016（2）.

99. 萧易忻．“抑郁症如何产生”的社会学分析：基于新自由主义全球化的视角［J］．社会，2016（2）.

100. 福柯．尼采·谱系学·历史学［M］// 汪民安，陈永国．尼采的幽灵．北京：社会科学文献出版社，2001：123.

101. 毛斯．社会学与人类学［M］．佘碧平，译．上海：上海译文出版社，2003：301.

102. 韦伯．新教伦理与资本主义精神［M］．阎克文，译．上海：上海人民出版社，2018.

103. 汤普森．共有的习惯：18 世纪英国的平民文化［M］．沈汉，王加丰，译．上海：上海人民出版社，2020.